Une enfance palestinienne

Titre original : *Tasting the sky – A Palestinian Childhood*
by Ibtisam Barakat

Published by arrangement with Farrar, Straus and Giroux, LLC, New York
Pour l'édition française :

300 rue Léon-Joulin, 31101 Toulouse Cedex 9, France
ISBN : 978-2-7459-3439-0

Loi 49-956 du 16 juillet 1949 sur les publications
destinées à la jeunesse
www.editionsmilan.com

IBTISAM BARAKAT

Une enfance palestinienne

Traduit de l'anglais par
Karine Suhard-Guié

MILAN POCHE
HISTOIRE

La famille de Une enfance palestinienne*: Mirriam et Suleiman Barakat, avec leurs enfants, Ibtisam, Muhammad et Basel.*

À l'Alef[1], la première lettre
des alphabets arabe et hébraïque –
deux langues sémitiques,
sœurs depuis des siècles.

Puissions-nous inventer la langue
qui nous mènera
au seul pays qui soit :
le cœur des autres.

À mes parents,
Suleiman et Mirriam,
qui firent de leur mieux,
et à mes frères,
Basel et Muhammad,
les deux héros de mon enfance.

Et à tous les enfants du monde.

1. La première lettre des alphabets arabe et hébreu étant respectivement « alif », et « aleph », l'alef est inventé ici pour symboliser la proximité des deux langues.

Juin 1967, après la guerre des Six Jours
TURQUIE
SYRIE
Mer Méditerranée
LIBAN
ISRAËL
JORDANIE
IRAK
ARABIE SAOUDITE
ÉGYPTE
Mer Rouge
LIBAN
SYRIE
PLATEAU DU GOLAN
Nazareth
Mer Méditerranée
Jourdain
Nablus
CISJORDANIE
Tel-Aviv
Jaffa
Kharrouba
Nahi Samuel
Birzeit
Surda
Jalazone
Ramallah
Jéricho
Beit Hanina
Beit Iksa
Jérusalem
Bethléem
Al-Salt
Zarqa
Marka
Amman
ISRAËL
BANDE DE GAZA
Mer Morte
JORDANIE
PÉNINSULE DU SINAÏ
0 kilomètres 40
© 2006 Jeffrey L. Ward
Lieux principaux d'*Une enfance palestinienne*
Régions palestiniennes sous occupation israélienne
Autres régions occupées
Village dépeuplé
N.B. : La péninsule du Sinaï appartient, depuis 1979, à l'Égypte.

NOTE HISTORIQUE

Le Moyen-Orient est une région du monde considérée par beaucoup comme le berceau de la civilisation. Aujourd'hui, cette terre antique se bat sous le poids écrasant de son histoire, et réclame à grands cris qu'on la comprenne. La lutte pour la Terre sainte, ou les territoires que certains appellent Israël et la Palestine, se trouve au cœur de l'actuel conflit du Moyen-Orient.

Au cours du siècle dernier, de multiples guerres et événements mondiaux ont affecté la Terre sainte, avec pour conséquence la situation présente. Il faut citer notamment : la Première Guerre mondiale, suivie de la colonisation européenne du Moyen-Orient ; la Seconde Guerre mondiale ; la Shoah*, et le besoin pressant qu'ont eu les Juifs de trouver une patrie ; la création de l'État d'Israël sur une terre peuplée majoritairement d'Arabes palestiniens, et les guerres de 1948 et 1967, entre pays arabes et Israël.

La guerre de 1948 a entraîné l'établissement de l'État d'Israël sur ce qui était autrefois la

Palestine, laissant la Cisjordanie, la bande de Gaza et Jérusalem-Est sous administration arabe. En juin 1967, à la fin de la guerre des Six Jours, Israël occupait la Cisjordanie et la bande de Gaza et avait repris le contrôle de Jérusalem-Est.

Une enfance palestinienne se déroule dans le cadre de la guerre des Six Jours et de l'occupation israélienne qui en résulta. La première partie, située en 1981 et intitulée « Une lettre à personne », amorce le processus de mémoire. La deuxième partie, « La boîte postale de la mémoire », débute au premier jour de la guerre des Six Jours et s'achève en 1971. La troisième partie, « Une lettre à tous », ramène le lecteur en 1981.

L'antagonisme entre Israéliens et Palestiniens est l'un des plus problématiques de notre époque, ces deux peuples étant à juste titre très attachés à la Terre sainte. Réduit à sa plus simple expression, il oppose deux nations, marquée chacune par une histoire douloureuse. La résolution de ce conflit se heurte à une barrière majeure : l'incapacité à trouver un terrain d'entente susceptible de permettre aux deux parties de comprendre et d'accepter le passé de l'autre, et de s'associer pour atteindre leurs objectifs communs qui sont de vivre dans la paix et la liberté.

Cependant, il ne s'agit pas seulement d'une opposition entre deux populations. C'est aussi un conflit international, attisé par des rivalités religieuses et ethniques, sans compter une multitude d'intérêts économiques et militaires. De nombreux pays s'engagent aux côtés des Israéliens ou des Palestiniens. Mais prendre parti pour les uns, en négligeant les intérêts des autres, ajoute aux dissensions. Il est probable que le règlement de cette question nécessitera la participation constructive d'un grand nombre de pays à travers le monde. Une véritable solution doit non seulement garantir la liberté et la sécurité aux Israéliens et aux Palestiniens, mais aussi leur donner la possibilité de guérir des blessures causées par les persécutions, subies et infligées. Lorsque cette solution aura été trouvée, il est certain qu'elle offrira un énorme espoir à l'humanité tout entière, puisque ce conflit est devenu aujourd'hui l'un des principaux obstacles à la paix mondiale.

Pour approfondir notre connaissance du Moyen-Orient, ainsi que notre compréhension des Palestiniens et des Israéliens, il est utile de partager des histoires. La mienne en est une parmi d'autres. Ensemble, ces histoires peuvent nous montrer combien tous les peuples sont interdépendants et animés des mêmes besoins essentiels. Ensemble, ces histoires nous inciteront peut-être à rapprocher nos cœurs et nos esprits afin que l'on puisse trouver, grâce à notre sagesse collective, un dénouement à cette crise – et à n'importe quelle autre.

PREMIÈRE PARTIE

Une lettre à personne

1981, Surda, Cisjordanie

Tel un oiseau agrippé
Aux barreaux de sa cage
Qu'il souhaiterait être des branches
Mes doigts serrent
Les barres de l'autocar.

Mais moi je ne souhaite rien.

Je suis à Surda, à mi-chemin entre Birzeit et Ramallah, au poste de contrôle de l'armée israélienne. Personne ne sait combien de temps notre autocar restera ici. Une Jeep militaire est garée en travers de la route. Dans une autre Jeep, des soldats armés de fusils nous regardent. Prêts à tirer. Une barrière servant à crever les pneus des véhicules est positionnée à côté du panneau stop. Je regrette d'avoir choisi de m'asseoir à l'avant.

La fenêtre du car forme un cadre autour de ce barrage routier, à la manière d'une carte postale que j'aimerais pouvoir envoyer à tous mes correspondants. Ils me demandent de leur décrire une journée de ma vie. Je n'ose pas. Si je leur parlais de la peur qui se dissimule sous mes pieds, véritable mine terrestre, me répondraient-ils ?

Un soldat saute dans l'autocar. Se tient sur la marche du haut. Ses yeux sont cachés derrière des lunettes noires comme la nuit.

– Destination ?

Il lance la question comme un caillou. Telle une tortue, je rentre la tête dans mes épaules. Si je ne le vois pas, peut-être ne me verra-t-il pas non plus.

Il réitère sa question. Je reste silencieuse. Je ne peux pas croire que la lycéenne que je suis soit assez visible, assez vivante pour qu'un soldat armé d'un fusil, d'un pistolet, d'une matraque, coiffé d'un casque et chaussé de longues bottes la remarque. Il s'adresse certainement à l'homme assis derrière moi.

Mais il se penche en avant. Son uniforme kaki et la crosse de son fusil me touchent au genou. Mon sang se glace.

– Destination ?

Il s'approche de mon visage. Dans le silence angoissé, je sens que chaque passager du car me pousse à répondre.

– Ramallah, je bégaie.

– Ramallah ? répète le soldat avec stupéfaction. *Khalas. Ma feesh Ramallah. Kullha rahat*, dit-il dans un mauvais arabe.

On dirait que les mots ont été passés à tabac, si meurtris qu'ils ne signifient presque plus rien. J'en saisis quand même le sens.

– Il n'y a plus de Ramallah, lance-t-il. Tout a dû disparaître à l'heure qu'il est.

Je cherche le regard du soldat, mais ses lunettes sont des murs qui me barrent la vue. Je cherche sur son visage un signe qui pourrait m'en apprendre davantage. Que veut-il dire ? Les maisons ont-elles été toutes détruites par des bulldozers ? Et les habitants ? Mon père et ma famille, les retrouverai-je ? M'attendront-ils ? La peur s'engouffre en moi comme un blizzard. Ma tête résonne des clameurs d'une foule de questions.

Cela fait moins d'une heure que j'ai pris le car de Ramallah pour Birzeit. Je suis à présent sur le chemin du retour. Comment une ville aurait-elle pu disparaître en moins d'une heure ? Il doit y avoir quelque chose qui cloche chez moi. Peut-être que je ne sais pas comment réfléchir, comment comprendre le monde dans lequel je vis. Aujourd'hui, j'ai choisi de m'asseoir à l'avant alors que j'aurais dû me tapir à l'arrière. J'aurais dû savoir qu'à l'avant, on est aux premières loges.

J'ai envie d'ouvrir la bouche pour laisser s'échapper mes émotions, comme si c'étaient des oiseaux, les laisser migrer pour toujours. J'attends que le soldat descende de l'autocar. Mais il n'en fait rien.

Il nous compte, puis sort un talkie-walkie dans lequel il se met à parler. Je ne comprends rien, et d'une certaine façon, tant mieux. Je ne tiens pas à savoir ce qu'il dit à propos de moi ou du car, ni ce qu'il a l'intention de faire.

À présent, il s'exprime en arabe, prend la carte d'identité du chauffeur, lui ordonne de nous transporter tous – les vieux, les jeunes, les mères, les étudiants, tout le monde – au Centre de l'autorité de l'armée. Il s'agit de la prison située dans l'enceinte militaire sur la route de Ramallah. Je vois où elle se trouve. Grande, sinistre, enveloppée de mystère, elle se dresse ainsi qu'une malédiction. Notre car y sera dans dix minutes.

À notre arrivée, des soldats nous guettent à l'entrée du bâtiment. L'un d'eux se dirige vers la vitre du chauffeur, lui ordonne de laisser descendre tous les passagers, de faire demi-tour et de s'en aller. Le chauffeur nous présente ses excuses. Si cela ne tenait qu'à lui, il patienterait aussi longtemps qu'il le faudrait. Peut-être craint-il de continuer sa route vers Ramallah et de découvrir seul une ville réellement en ruines.

– Un instant ! Je vais vous rembourser vos billets, nous propose-t-il.

Mais personne n'a le temps de s'arrêter.

– *Yallah ! Yallah !* nous presse un soldat. « Dépêchez-vous ! »

On nous compte une deuxième fois et, sous la menace d'un fusil, nous formons une ligne et marchons vers une zone d'attente. Nous nous adossons à un mur, face à la porte principale. L'enceinte me rappelle la carcasse d'un gigantesque animal, mort depuis longtemps. Son aspect extérieur est morne, osseux et hostile.

Nous sortons nos cartes d'identité. Deux soldats les ramassent pour savoir si l'un d'entre nous a déjà eu des démêlés avec l'armée. Nos cartes nous trahissent. Leurs couvertures en plastique orange, indiquant que nous sommes tous palestiniens, s'entassent sur une table, pareilles à des épluchures d'orange.

Deux étudiants, les bras chargés de gros livres, sont vite séparés du groupe. L'espace d'un instant, mon rêve d'aller à l'université s'apparente à un cauchemar.

– Les mains en l'air ! ordonne une voix.

À présent, l'un des deux soldats désigne certaines personnes et inspecte leurs sacs, leurs poches, leur corps. Il passe les filles et les femmes. Tout est calme jusqu'au moment où il lève la main pour fouiller un adolescent qui se tient près de moi.

Avant même que le soldat ne le touche, le garçon se met à glousser. Ce bruit qui rompt le silence lourd d'angoisse est choquant. D'abord faibles, les petits rires nerveux s'intensifient tellement que les soldats se trouvant dehors dans la cour viennent voir ce qui se passe. Le rire du garçon est sec et tremblant. Inquiet. Je sais ce qu'il ressent. Il a envie de pleurer. Pourtant, malgré lui, malgré les soldats et les fusils, la seule chose qu'il puisse faire, c'est glousser.

Pris de colère, le soldat lui assène un coup de poing. Mais à l'image d'une coupe brisée incapable de contenir quoi que ce soit, le garçon ne peut plus s'arrêter. Le soldat le frappe de nouveau. Maintenant, le rire du garçon monte et descend en zigzaguant – on dirait une souris qui tente de s'enfuir sans savoir par où passer. Un coup de botte dans le genou finit par faire pleurer l'adolescent. Il se plie en deux sous la douleur, avant d'être emmené à l'intérieur de l'enceinte.

Nous nous sommes pour ainsi dire transformés en arbres – muets, nous n'échangeons aucun regard, ne posons aucune question, ne demandons ni à boire ni la permission d'aller aux toilettes, ne nous asseyons ni ne nous accroupissons. Nous ignorons ce que nous attendons et pourquoi nous attendons.

Ponctuées du tic-tac des bottes arpentant la cour, les heures s'étirent, tels des élastiques qui claqueraient contre la peau.

J'ai les yeux rivés sur notre garde, qui s'est assis près de la porte. Il allume une cigarette avec le bout de celle qu'il vient de finir. Remplit sa poitrine de la saveur du feu. Gonfle ses joues à la manière d'une grenouille. Fait des ronds de fumée qui s'élargissent pour devenir des jumelles, par lesquelles il nous jette des coups d'œil. Pour lui, nous ne sommes que des valises à surveiller.

J'ai envie de lui demander si je peux sortir un papier et un stylo. S'il accepte, j'évacuerai ce que je ressens. Cela me fera oublier la faim, car je n'ai pas mangé de toute la journée. Et je prendrai des notes que je donnerai à ma mère pour m'épargner sa colère – si Ramallah existe encore.

Pourtant, quelque part dans ma tête, un doigt levé m'avertit que je dois me taire, éviter de commettre une erreur. Il me rappelle celui de Mère, qui m'ordonne de me dépêcher de rentrer à la maison, de ne jamais être en retard. Mais cela fait déjà des heures que je devrais être chez nous.

Mère me recommande de ne pas parler de politique. Elle a toujours peur qu'un malheur survienne.

– *Khalas, insay, insay*, me demande-t-elle avec impatience. « Oublie, contente-toi d'oublier. »

C'est ce que je fais. Je m'y connais moins en politique que la plupart de mes camarades de classe. J'ignore même l'ordre des couleurs du drapeau palestinien. Lors de manifestations dans la rue, il m'arrive d'apercevoir ce drapeau hors la loi[1] l'espace de quelques secondes – avant que la main qui le tient ne soit touchée par les balles des soldats israéliens. Parfois, le matin, on le découvre sous la forme d'un graffiti – que les soldats s'empressent de masquer. Quiconque est pris avec un drapeau palestinien est puni.

Mère ne veut pas que mes frères et sœurs et moi fassions quoi que ce soit qui pourrait nous causer le moindre problème avec l'armée.

1. En 1981, la Cisjordanie est occupée par l'État d'Israël, qui ne reconnaît pas l'État palestinien, et considère donc son drapeau comme hors la loi.

– *Imshy el-hayt el-hayt wu qool yallah el steereh*, nous conseille-t-elle.

« Rasez les murs. Ne vous faites pas remarquer. Si possible, devenez invisibles. » Voilà les proverbes qui guident son existence.

Si je revois Mère, je lui expliquerai ce qui est arrivé à l'autocar au poste de contrôle. « Pourquoi aller à Birzeit ? » Elle fendra l'air de ses mains, à la fois pour entendre ma réponse et me frapper.

C'est à Birzeit que vont étudier les élèves après avoir quitté le lycée de Ramallah. Certains viennent aussi de Gaza, de Naplouse ou d'autres villes, et de camps de réfugiés[1]. Là-bas, nombreux sont les étudiants qui se lancent dans la politique et se battent contre l'armée israélienne. Ils manifestent en réclamant la fin de l'occupation. Moi, je ne suis pas allée à Birzeit pour revendiquer la liberté. Je l'ai, ma liberté. Elle est cachée dans la boîte postale 34. C'est la raison pour laquelle je fais le déplacement depuis Ramallah.

La boîte postale 34 est l'unique endroit au monde qui m'appartient. Elle a d'abord été au nom de mon frère Basel. Lorsqu'il a quitté Ramallah, il n'a pas voulu la laisser, alors il me l'a donnée. Les jours où je ne me rends pas à Birzeit, j'enterre la clé de la

1. Camps dans lesquels se regroupent les personnes qui ont dû fuir leurs logements.

boîte sous un citronnier près de notre maison. Si je meurs, la clé sera sous terre, comme moi.

À mes yeux, posséder cette boîte équivaut à posséder à moi seule un pays, de la taille d'un minuscule carré. J'adore aller à la poste, sortir la clé de ma poche, la faire tourner dans la serrure, ouvrir la porte, puis laisser lentement ma main se nicher à l'intérieur et s'attarder, même si la boîte est vide. J'aimerais pouvoir ouvrir ma boîte postale chaque jour. J'ai l'impression que ma main, enfouie profondément, essaie de toucher à l'autre bout du monde quiconque désire être mon ami.

Il doit y avoir un employé de la poste de Birzeit qui m'aime bien, peut-être parce que j'écris *Merci au facteur* sur toutes mes enveloppes. Lorsque je viens relever mon courrier après une longue absence, je trouve parfois une tablette de chewing-gum. Quelqu'un en a défait le papier d'emballage, y a inscrit un vers de poésie plein de gaieté, puis l'a remballée. Je sors du bureau de poste en sautillant, le sourire aux lèvres. Je mâche les mots, goûte leur sens. L'encre et le papier, les poèmes et ma boîte postale sont des médicaments qui pansent les blessures d'une vie privée de liberté.

Certains jours, j'aimerais pouvoir rester allongée à l'intérieur de ma boîte postale, la tête posée sur le minuscule oreiller que constituerait un timbre orné d'une fleur. Le soir, je me couvrirais d'une enveloppe rose et dormirais sur un futon composé d'une pile de lettres envoyées par mes correspondants :

Dimitri, de Grèce. Il me parle d'un jour férié que l'on appelle le jour du Non. Je lui réponds que tous les adolescents du monde devraient célébrer cette fête. Dimitri et moi nous disputons au sujet du baklava. Il prétend que c'est grec. Je lui certifie que c'est arabe. Peut-être est-ce les deux, concédons-nous finalement, puisque nos deux peuples en raffolent.

Luis, d'Espagne. Il est malheureux pour des raisons que je ne comprends pas. Son pays n'est pas occupé, et sa mère n'est pas sévère comme la mienne. Mais ce qui me plaît, c'est qu'il écrit toujours quelque chose sur le basket-ball. Il m'explique que lorsqu'il joue, il oublie tous ses soucis.

Hannah, de Grande-Bretagne. Et si j'ajoutais « Grand » à « Ramallah » quand je lui envoie une lettre ? De Grand-Ramallah à Grande-Bretagne. Nous serions alors à égalité. Les lettres d'Hannah sont toujours couleur blanc d'œuf, affranchies d'un timbre à l'effigie de la reine, que j'observe longtemps. Coiffée de sa couronne, elle est magnifique. Hannah me parle des voyages qu'elle fait avec sa famille et des livres qu'elle lit. Elle adore *Les Voyages de Gulliver* et *Émile et les détectives*. Moi aussi, parce que ces héros me ressemblent. Gulliver sait exactement ce que c'est de ne pas être libre. Et ces deux personnages nouent d'affectueuses amitiés avec des inconnus.

Sally, une grand-mère américaine, raconte qu'elle mange de la *turkey* à Thanksgiving. « Vous mangez un pays ? » je m'étonne. Elle m'explique[1]. Je ris parce que Mère n'aime pas le « coq romain », le nom que l'on donne à la dinde. Elle n'en laisserait jamais entrer une chez nous, alors en cuisiner !

J'ai de nombreux correspondants : des touristes, des pèlerins de la Terre sainte et des élèves qui se sont inscrits à un programme de correspondance pour voir le monde à travers les yeux d'autres personnes. Certains écrivent rarement, d'autres souvent. Mais tous m'envoient des fragments de leur vie traduits en anglais, matière que j'ai commencé à étudier il y a six ans, quand j'avais onze ans.

Moi, je leur parle de mon école, mes amis, mes professeurs, mes études. Je leur décris les saisons, la terre, le blé et les récoltes d'olives, et les célébrations de la fête de l'Aïd*. Un miroir de poche devant les yeux, je rédige mon portrait si je n'ai pas de photo à envoyer. Traduisant des kyrielles de mots et de phrases, je parle aussi de ma langue. J'explique qu'en arabe, les verbes forment des racines qui créent des arbres de noms et des structures lexicales. *An yaktoub*

1. En anglais, *turkey* signifie à la fois dinde (que l'on peut manger) et Turquie (le pays).

signifie écrire. *Maktoub* est une lettre que l'on a écrite. *Katebah*, une femme écrivain. *Ala-katebah*, une machine à écrire. *Kitab*, un livre. *Maktab*, un bureau pour écrire. *Maktabah*, une bibliothèque, l'endroit où l'on trouve des livres. Tous ces mots proviennent de la racine verbale *kataba*. Former des mots en arabe, c'est comme planter des graines dans un champ, faire pousser un verger – les mots s'accrochent aux vignes ainsi que des grappes de raisin ; les feuilles jettent des ombres de sens sur la terre.

Je réponds avec enthousiasme à toutes les questions sur ma langue. En revanche, quand mes correspondants m'interrogent sur mon enfance, je n'ai plus rien à dire. On dirait qu'un rideau est tombé devant mes souvenirs. Je n'ose pas l'écarter pour regarder derrière. Alors je saute ces passages et ne parle que de la période actuelle.

Aujourd'hui, j'aimerais leur expliquer que je suis allée à Birzeit ouvrir ma boîte postale, pour rencontrer leurs mots. Elle était vide. Peut-être les plis étaient-ils en route, mais les camions n'ont pu parvenir à Birzeit. Ici, les routes et la gestion du courrier sont à l'image de notre pays : chaotiques. Les lettres sont semblables aux prières ; il faut du temps pour qu'on y réponde. Que penseraient mes correspondants si je leur avouais que je me trouve dans un centre de détention parce que je suis allée voir s'ils m'avaient écrit ?

À présent, fixant le sol sous mes pieds, je me rappelle que je vais devoir inventer une explication ingénieuse afin de convaincre Mère que je ne me suis pas rendue à Birzeit pour bavarder avec les étudiants, ni faire quoi que ce soit en relation avec la Palestine ou la politique. Mais je n'arrive jamais à la convaincre. Elle est plus perspicace que moi. Que n'importe qui de mes connaissances. Il y a peut-être dix femmes très bêtes à Ramallah parce que ma mère a pris leur part d'intelligence.

Lorsqu'elle est mécontente, elle me frappe à la poitrine et me maudit. Je compose alors des poèmes sur la cruauté des mères. *Quelle différence y a-t-il entre une mère et un soldat ? Aucune.* Je souligne ma réponse. *Les mères et les soldats sont des ennemis de la liberté. Je subis une double occupation.*

J'affiche ces phrases au mur, de la même manière que je dessinerais des graffitis pour revendiquer ma liberté ou je les glisse dans « son journal intime », un journal que je tiens uniquement pour ma mère. Elle le lit en mon absence.

Cependant, j'écris souvent des mots gentils dans ce cahier, dans l'espoir qu'après les avoir lus, ma mère saura que je l'aime et sera plus douce avec moi. *Mon Dieu, je suis triste pour Mère car elle travaille si dur. Et j'ignore ce que c'est d'être une maman dans un pays en guerre peuplé de soldats. S'il vous plaît, faites qu'elle soit heureuse. Prenez dans ma part de bonheur si c'est la seule façon de l'aider.*

Menteuse, commente-t-elle au crayon de papier, avant d'effacer. Je remarque les légères traces qui subsistent. Nous ne parlons jamais de ce journal, mais c'est là que nous nous rencontrons pour exprimer ce que nous ne pouvons dire tout haut.

Mon vrai journal intime, je le rédige dans ma tête, sans stylo ni papier, d'une main invisible suspendue dans l'air. Personne ne le trouvera jamais. Lorsque Mère me demande de rentrer chez nous, j'écris dans mon esprit que je ne me sens nulle part chez moi. J'ai envie d'errer dans les rues après l'école, de marcher éternellement, de m'éloigner d'un monde que je ne comprends pas, un monde qui me montre en permanence que je n'y ai pas ma place.

Mère n'est pas la seule à avoir peur et à me surveiller. Père aussi. Mes parents, Suleiman et Mirriam – que j'appelle Yaba et Yamma –, sont souvent en désaccord. Toutefois, quand il s'agit de moi, ils oublient leurs divergences. Mon père copie ses sentiments sur Mère ainsi que l'on copie des devoirs. Certains matins, ils font des messes basses, puis mon père feint d'aller au travail de bonne heure. Mais il attend dehors que je parte pour l'école et me suit.

Il veut sans doute voir comment je me comporte quand je marche seule dans la rue. Il ignore que je le repère, comme je repère les panneaux de circulation, et que chaque jour, je le guette, comme je guette les snipers postés sur les toits des grands immeubles de Ramallah. Eux aussi surveillent notre attitude et notre démarche. Sans même les regarder, nous savons précisément où ils se trouvent. Quand mon père marche dans mon dos, se croyant plus malin que moi, je suis triste. Il me connaît si peu !

– Yaba, pourquoi tu n'attends pas dehors jusqu'à ce que je m'en aille ? l'ai-je interrogé un matin.

– Pour quoi faire ? m'a-t-il demandé.

– Pour pouvoir me suivre, ai-je ragé.

Outré, il s'est précipité sur moi. J'ai couru m'enfermer à clé dans une pièce.

– Pourquoi est-ce que tu me défies ? m'a-t-il crié.

J'ai ouvert la porte et j'ai marché droit vers lui. Il s'est contenté de secouer la tête, a imputé mon insolence à mon instruction et s'est reproché de m'avoir envoyée à l'école.

– Tu as le nez fourré dans tes bouquins de *Nakleezi* toute la journée – un vrai mouton qui broute ! a-t-il raillé avant de soupirer.

Peut-être aimerait-il pouvoir lire des livres en anglais, lui aussi.

Je sais bien que mon père ne veut pas réellement dénigrer mes études, surtout à cause de la façon dont il emploie le mot *chair*, le seul mot d'anglais qu'il connaisse. Il le prononce avec fierté, le déplace dans ses phrases comme pour acquérir une meilleure vision des choses. Il s'assoit dessus comme si c'était un trône. Pourtant, c'est une chaise solitaire. Mon amour du langage et des mots semble se mettre entre nous. Il lui enlève son autorité sur moi. Ce sont les livres, et non lui, qui sont mes références.

Les soldats constituent une autre force qui nous sépare. Père est conscient que ce sont eux, et non lui, qui contrôlent chacun d'entre nous. Nous ne sommes pas libres de former une famille à son idée, dans laquelle il serait le lion qui régirait nos vies. Il ressemble plutôt à un lion dans un zoo. L'un d'entre nous risque de disparaître à n'importe quel moment. Personne n'y peut rien, quelle que soit la puissance des rugissements que pousse mon père dans l'enclos qu'on lui a attribué.

Je compare mon père à celui des autres filles. Il est plus pauvre, et habité par la guerre. Il se réveille toutes les nuits en hurlant que quelqu'un va le tuer, nous tuer tous. Il se débat dans le vide et appelle au secours. Mère dort à l'autre bout du lit pour éviter de recevoir des coups. Elle fait semblant de ne pas entendre ses cris.

Mais moi, je cours chaque nuit à son chevet pour le réconforter. Je lui apporte un verre d'eau et m'installe près de lui. Je lui demande de me raconter ce qu'il voit. Reprenant son souffle, il mêle larmes et paroles. Mon père n'a pas les mots pour exprimer la douleur et la solitude qu'il ressent. Est-ce parce qu'il a vécu toute sa vie sans connaître la liberté ? Ou bien cache-t-il sa liberté quelque part, de la même façon que je cache la mienne dans la boîte postale 34 ?

C'est la fin de l'après-midi, et nous attendons toujours, debout, au centre de détention. Mes pieds endoloris ont besoin de repos. C'est alors que, soudain, je suis libérée.

Mes larmes dégoulinent sur mes chaussures. Les larmes sont mon encre secrète, en l'absence d'encre véritable. Des histoires liquides. Sur l'air qui circule à travers ma poitrine, je consigne toutes les choses qui m'arrivent. *Maintenant, les soldats me rendent ma carte d'identité et m'autorisent à rentrer chez moi...* Je cours en direction du centre de Ramallah, le cœur lourd, comme lesté de pierres. Les questions s'entrechoquent dans ma tête. Qu'a voulu dire le soldat dans l'autocar ?

Mais... la ville... est... là. *Ramallah existe toujours*. Le magasin de journaux Juabah, le bureau de taxis Salaam, la boutique Fam, l'épicerie Abu Azmi, le marché Zabaneh, la pharmacie Salah sont fermés, mais aucune enseigne n'a disparu. J'ai envie de serrer Ramallah contre moi, ainsi que l'on se tient les bras quand il n'y a personne d'autre à toucher.

Je me rends vite compte qu'il a dû y avoir des affrontements. Les rues sont désertes, à part quelques véhicules militaires qui se déplacent à toute allure. Je marche prudemment. J'ai peur et je me sens seule. « Rasez les murs. » Le proverbe de Mère me guide telle une carte. Je me hâte vers notre quartier. Mais une fois dans notre rue, je sens mon cœur qui bat la chamade, et mon esprit se remplit de la vision de soldats. Tout à coup, je vois ce qui hante mon père dans ses cauchemars. Chacun de mes pas s'accompagne de nouvelles images de guerre.

Je franchis la porte de notre maison en chancelant, sous le regard inquisiteur de Mère, qui est hors d'elle. Mais dès qu'elle voit l'expression de mon visage, sa furie devient inquiétude.

– Que s'est-il passé ? demande-t-elle d'une voix entrecoupée.

Je lui raconte. J'avoue que, moi aussi, la guerre me rend malade. Je lui décris les scènes que j'ai dans la tête. Mais je passe sur mon déplacement à Birzeit. Peut-être ne tient-elle pas vraiment à savoir. Je lui en suis reconnaissante.

– Lorsqu'une guerre s'achève, elle ne part pas. Elle se tapit en nous, assure ma mère.

Elle sait de quoi elle parle.

– Ne t'aventure pas sur ce chemin. *Insay. Insay*, m'avertit-elle. « Oublie ! Contente-toi d'oublier ! »

Je refuse de suivre les conseils de Mère. Je tiens à me souvenir.

Sombrant dans la mer
De l'oubli
Je tends la main vers le radeau
Du souvenir.

Là où la fillette
Que j'étais autrefois
Est seule,
Tient la clé
De la boîte postale
De la mémoire,
Et attend
Le jour
Où elle trouvera
Sa maison
En ayant demandé
À son cœur
De l'y emmener.

Écoutez.

Ce jour, c'est aujourd'hui.

DEUXIÈME PARTIE

La boîte postale de la mémoire
1967-1971

1967, Ramallah, Cisjordanie

Inscrit dans mon cœur
Tout ce que j'ai perdu.

Lacets

La guerre survint au coucher du soleil. Mère venait d'annoncer que notre dîner – du riz et des lentilles – serait prêt dès le retour de Père. Elle prit ma petite sœur Maha dans ses bras, lui proposa un sein gonflé, et l'allaita en la berçant. J'avais trois ans et demi mais je voulais toujours être celle que ma mère cajolerait.

Mes deux frères, les bruyants inséparables Basel, âgé de six ans et demi, et Muhammad, un an de moins, se poursuivaient dans le jardin d'été de Mère. Moi, debout près de la porte, j'attendais mon père. Bientôt, il émergerait du rideau tendu par les ombres du soir sur la longue route de gravier menant à notre maison. Comme chaque jour, je me préparais à courir vers lui le plus vite possible.

Mais parce que je ne possédais qu'une seule paire de chaussures, que j'avais le droit de porter uniquement pour les grandes occasions, j'étais pieds nus. Quand mon père apparut enfin au loin, j'allai à sa rencontre en sautant à cloche-pied.

Mon père était la personne que j'aimais le plus au monde. Avant la guerre, j'avais la sensation inébranlable que tout irait bien tant qu'il rentrerait chez nous à la fin de la journée. Chaque fois que je le retrouvais, il m'embrassait avec un magnifique sourire qui étirait son œil droit en croissant de lune. Il me tendait sa main en forme de luffa[1] et, saisissant deux de ses doigts, je marchais à côté de lui, à moitié suspendue en l'air.

Souvent, mon père me faisait deviner quelle surprise il nous avait rapportée. Lorsque j'avais donné ma langue au chat, il me révélait la première lettre du mot, ce qui me suffisait pour trouver la réponse. *M* pour *moulabas*, des amandes enrobées de sucre. *J* pour *jawz hind*, des rochers à la noix de coco. *K* pour *kastana*, des marrons en forme de scarabée. *Q* pour *qedameh*, des pois chiches grillés et salés. *B* pour *bizer*, des graines de citrouille, de tournesol et de pastèque grillées, et *S* pour *simsim*, des barres de graines de sésame, mes friandises préférées. J'en croquais une par minuscules bouchées pour qu'elle me fasse deux jours.

Mais le 5 juin 1967, mon père revint les poches vides. Ce soir-là, c'est lui qui se précipita vers moi,

1. Liane d'Afrique et d'Asie.

la mine sombre. Il criait des paroles que je perçus seulement quand il se fut rapproché de moi.

– Rentre à la maison ! Dis à ta mère que la guerre a commencé. Cours !

Même si je ne saisis pas véritablement le sens de ces phrases, je ressentis jusqu'au plus profond de moi le danger qu'elles exprimaient. En fonçant vers la maison, je tombai sur le gravier et m'éraflai les genoux, mais j'oubliai aussitôt la douleur. Ce n'était pas le moment d'embêter mon père avec des pleurs.

Mère comprit parfaitement le message que je lui transmis. Sa réaction me stupéfia. Elle se frappa les joues de ses deux mains, enfonça ses ongles dans son visage épouvanté, qu'elle se mit à griffer. Elle était muette, le regard perdu dans le lointain. On aurait dit que son âme avait momentanément quitté notre cuisine, où nous restions tous paralysés.

Ensuite, mon père franchit la porte précipitamment, laissa tomber les sacs pleins de vivres qu'il portait et se tourna vers Mère. Elle hurla en pleurant. Mais il lui parla avec tendresse, de la même manière que, le soir, en soufflant sur la lampe à pétrole, il me disait de fermer les yeux et de m'endormir. Il avait appris que des avions israéliens visaient les habitations palestiniennes. La chose la plus sûre à faire était d'éteindre toutes les lumières, de quitter notre maison sur-le-champ et d'aller s'asseoir au fond de l'ouverture dans la canalisation du jardin, en attendant de décider de la conduite à adopter. Il voulait écouter la radio pour savoir quels secteurs en particulier étaient attaqués. Mais le seul poste que nous possédions était de la taille d'un four, trop grand pour tenir dans le regard.

Mère empoigna Maha et la serra fort dans ses bras. Basel, Muhammad et moi cramponnés à sa robe, nous sortîmes tous de la maison d'un pas énergique.

Une fois à l'intérieur du trou, je me collai à mes frères, et mon cœur s'abandonna au rythme de nos respirations vigilantes qui soulevaient à l'unisson nos poitrines angoissées. De la tête, je tentai de toucher le bras de mon père, qui nous serrait contre lui. Son autre bras entourait les épaules de Mère. Celle-ci essayait désespérément de calmer Maha, dont les hurlements menaçaient d'attirer l'attention. Parce qu'il n'y avait pas de place pour l'amour et les berceuses dans cet étroit regard, Mère gronda sèchement Maha, qui cessa vite de pleurer.

Inquiets, mes parents chuchotaient.

– Aide-moi à réfléchir, lança Mère. Que faire pour être plus en sécurité ?

– On ne peut pas échapper à son destin, répondit Père d'une voix empreinte de douleur.

Je tendis la main et m'accrochai à lui. Je pressentais que quelque chose dépassant ce que j'avais appris ou que j'apprendrais jamais était sur le point de nous arriver. Mon père ne serait pas capable de nous protéger. Il ne pourrait pas arrêter la guerre. Il ne pourrait pas expliquer aux pilotes des avions que nous n'avions rien fait de mal.

Tandis que l'obscurité nous enveloppait, je ne distinguais plus le visage de mes parents ni celui de mes frères. Soudain, Mère dit qu'elle entendait des bruits de pas. Mon père nous ordonna de rester parfaitement immobiles. Je cessai de respirer.

Nous comprîmes vite qu'un flot d'habitants des villages voisins fuyaient leurs maisons. Élevant juste assez la voix pour être entendu, Père s'enquit des dernières nouvelles. Une voix masculine répondit :

– Après les bombardements, ils ratisseront la région. La rumeur court qu'ils massacreront tout le monde.

Mes parents discutèrent brièvement avant de tomber d'accord. Il était temps de partir.

– Mourir dans un groupe est une délivrance, déclara Père.

– Je dois d'abord retourner dans la maison, l'interrompit Mère. Il nous faut emporter à manger pour les enfants.

Elle avait raison. Tel un oiseau, la faim donnait des coups de bec à mon estomac.

– Ne gratte même pas une allumette, alors, lui interdit mon père.

Mère déposa donc ma sœur désormais silencieuse dans les bras de Père et se dirigea vers la maison.

Mais avant que nous puissions nous réjouir à l'idée d'avoir de la nourriture, un bruit vibrant et sonore fendit l'obscurité. On tirait sur Mère !

– Yamma ! m'écriai-je avec mes frères.

Mon père nous intima de nous taire. Puis le vacarme des avions envahit la nuit. L'un d'eux sembla planer juste au-dessus de nos têtes. Il cribla de balles et de bombes la terre autour de nous et, en s'éloignant, embrasa des pans de l'obscurité. Il était impossible de prévoir quel côté du ciel s'enflammerait ensuite.

Papa s'élança hors du regard. Il attrapa Mère par le pied et la tira à nous. Effrayée et désorientée, elle palpa son corps en quête d'une blessure mortelle.

– Suleiman, implora ma mère. Je veux voir mes enfants une dernière fois avant de mourir.

Mais les ténèbres qui nous entouraient étaient impénétrables.

Père tint Mère contre sa poitrine.

– Mirriam, ils t'ont manquée, chuchota-t-il.

Par miracle, elle était indemne. La chaleur de la voix de Papa fit de nouveau circuler mon sang dans mes veines.

En état de choc, Mère restait sans voix. Puis soudain, elle donna le signal de départ.

Ce fut étrange : elle prit Maha dans ses bras et se mit à marcher vers la maison. Basel, Muhammad et moi bondîmes derrière elle tandis que mon père priait convulsivement pour qu'il ne nous arrive rien.

Une fois dans la cuisine, Mère saisit brusquement la marmite de lentilles et de riz, qu'elle enveloppa dans un chiffon. Elle se précipita ensuite dans l'obscurité à la recherche des bracelets en or qui avaient constitué sa dot quand mon père et elle s'étaient mariés. Elle soupira lorsqu'elle les trouva.

Mère nous enjoignit de mettre nos chaussures. Mais dans la maison noire comme du charbon, les miennes restaient introuvables.

– Yamma, où sont mes chaussures ? criai-je.

– Trouve-les ! ordonna-t-elle.

Lui obéissant, mes frères et moi fouillâmes les pièces avant de dénicher tous trois nos chaussures. Puis nous sortîmes en toute hâte.

Mes parents discutaient à présent dans l'urgence. Mon père affirmait que si nous ne mourions pas cette nuit-là, nous serions obligés de dormir dehors. Nous aurions besoin de vêtements et de couvertures. Quand il revint de la maison les bras chargés, Mère et lui se disputèrent pour savoir s'il fallait fermer la porte à clé ou non. Ils finirent par tomber d'accord : ils verrouillèrent la maison et conservèrent la clé.

Les gens continuaient à passer devant chez nous, annonçant d'effroyables événements à venir. À bout de souffle, un homme apprit à mon père que son village s'était vidé de tous ses habitants. Avec son groupe, il partait se cacher dans des grottes, avant de tenter la traversée du pont, à la frontière jordanienne.

– Quelles grottes ? s'enquit Père.

– Fuyez donc avec nous, répondit l'homme avant de disparaître dans la nuit.

Père se tourna vers Mère.

– Nous devons partir, décida-t-il d'une voix tranchante.

Mes frères étaient prêts. Ils se tenaient fermement la main. Blottie dans les bras de Mère, Maha était en sécurité. Caché derrière sa cargaison de vêtements et de couvertures, mon père peinait pour voir la route. Mais en dépit de mes tentatives désespérées pour obéir aux ordres de mes parents, mes petites mains d'enfant étaient incapables de lacer l'unique chaussure que j'avais chaussée. Mon pied droit demeurait nu.

Je pleurai d'une voix étouffée :

– Yamma, Yaba ! Aidez-moi !

Personne ne me répondit.

Au même moment, une nouvelle vague de villageois en fuite passa près de moi, à toute vitesse. Alors qu'elle s'éloignait, l'agitation laissa la place à l'immobilité. Et ma famille était partie.

M'avait-elle tout simplement oubliée ? Mon cœur était transpercé par la peur. Je ne parvenais pas à comprendre ce qui s'était produit. J'avais envie de pleurer tout fort, de crier le nom de mes parents à travers les ténèbres, mais j'étais muette d'effroi. Je savais que mon seul espoir était de courir tout de suite dans la direction qu'ils avaient prise, en laissant une chaussure derrière moi.

Tandis que j'avançais, les bruits des coups de feu lointains et les hurlements des sirènes s'enflèrent puis faiblirent. Je continuai à courir. Lorsque je me retournai, l'ombre géante de notre maison avait disparu. Le monde à l'intérieur et autour de moi semblait se fondre dans l'inconnu. Les graviers crissaient et s'enfonçaient sous ma peau. Une fois de plus, je m'obligeai à rester insensible à la douleur.

Bientôt, je perçus des voix. J'attendis prudemment que des villageois approchent pour m'atteler à la queue de leur caravane.

Désormais intégrée à cette foule qui progressait rapidement, je saisis les bribes d'une conversation : on devait rejoindre d'autres voisins dans les grottes. Les grottes ? Mes parents se dirigeaient vers des grottes ! Je repris courage.

Mes espoirs s'évanouirent lorsque des bombes éclairantes illuminèrent l'obscurité pour former un dôme de lumière dans le ciel. Les avions de guerre pouvaient désormais nous localiser. Lâcheraient-ils de vraies bombes ?

Anticipant la destruction finale, les gens priaient à voix haute. Ils affirmaient qu'Allah est unique. Mais comme le bombardement se poursuivait loin de nous, il devint évident que, pour le moment, les tirs allaient nous épargner.

Nous continuâmes à marcher, sombrant lentement dans un silence solennel. Nous rejoignîmes d'autres individus, aussi fantomatiques et abasourdis que nous. Parmi eux, je crus apercevoir ma mère, sa natte épaisse et sombre se balançant dans son dos.

Notre groupe se pressa de rattraper celui qui nous précédait, et mes pieds engourdis retrouvèrent de la vigueur. Dans le ciel, les lumières s'allumaient et s'éteignaient, mais je fixais la tresse. Je tombai à plusieurs reprises, avant de me relever rapidement. Mon regard ne vacilla jamais. Il fallait que je rejoigne ma mère à tout prix. Je m'efforçai de me rapprocher encore et encore de l'endroit où je croyais l'avoir vue. Enfin, je ne fus plus qu'à quelques pas derrière sa natte. Quand mes doigts touchèrent sa robe, la guerre sembla cesser.

Pensant être de nouveau réunie avec ma famille, je m'aperçus que j'avais perdu mon unique chaussure (je ne l'avais pas lacée). Je commençai à éprouver une douleur intense et brûlante dans le pied. Je me laissai aller à pleurer un peu, pour que ma mère me console, puis je tirai sur sa robe en y mettant tout mon poids. Mais alors que de nouvelles bombes éclairaient le ciel, un visage inconnu se pencha vers moi et me gronda.

– Qui es-tu ? demanda la femme en secouant sa robe afin que je la lâche.

Maintenant, je comprenais. Cette femme n'était pas ma mère.

Incrédule et sous le choc, je laissai tomber mes mains le long de mon corps, et m'agrippai à ma propre robe – je ne ressentais ni terreur ni douleur. Je ne cherchai plus personne des yeux et que je marche seule ou pas n'avait plus guère d'importance. J'étais juste capable de mettre un pied devant l'autre.

Lorsque nous approchâmes de la zone des grottes, j'appris qu'elles étaient nombreuses, disséminées un peu partout. Des voix angoissées perçaient l'air : devions-nous nous cacher ou poursuivre notre chemin ? Certains optèrent pour la première solution. Je me surpris à rester avec ceux qui décidèrent de poursuivre leur voyage jusqu'à la route vers la Jordanie. Là-bas, ainsi qu'ailleurs, il faisait très sombre. Nous attendîmes longtemps que la nuit s'achève.

Lorsque l'aube finit par nous éclairer, je découvris que je me trouvais au milieu d'une grande foule. Personne ne m'adressa la parole. Je regardai fixement les enfants cramponnés à leurs parents. Je les enviai d'avoir une main à laquelle s'accrocher.

Les villageois en fuite contemplaient le ciel comme si un long fil de prières inexaucées y était suspendu. Ils juraient, tout en s'efforçant de ravaler leur chagrin. Ils mendiaient un verre d'eau auprès des uns et des autres et demandaient grâce à Dieu.

J'errais sans but, dévisageant chaque inconnu. Et puis, soudain, je crus voir mon père.

– Yaba ! appelai-je à voix basse, dans l'espoir de ne pas me tromper de nouveau.

Mais il se retourna. Des larmes coulèrent sur son visage. Cette fois, j'étais sûre. Mère se tenait près de lui, ma sœur serrée contre sa poitrine. Mon père et mes frères accoururent vers moi, les bras tendus. Muhammad, qui avait remarqué le premier ma disparition, m'offrit ses chaussures.

J'avais un gros poids sur le cœur, les pieds en feu, et une partie de moi se sentait encore déconcertée et perdue. Mais je n'étais plus seule. J'avais retrouvé ma famille. Ensemble, nous entrâmes dans le deuxième jour de la guerre.

Refuge

Il n'y avait ni voiture ni camion sur la route qui filait droit vers la Jordanie. Le soleil de juin brûlait le goudron et nos visages. Nous restâmes debout longtemps avant que je demande si je pouvais m'asseoir. Mon père refusa, m'expliquant que je devais rester prête à courir. Mais je ne tenais plus sur mes jambes. La peau de mes pieds meurtris et sanglants était transpercée d'épines. J'avais l'impression de marcher sur des aiguilles.

Puis, soudain, mes jambes parurent se dérober sous mon corps. Je m'écroulai, endormie. Mère tourna autour de moi, affolée, Maha toujours serrée contre sa poitrine. Basel et Muhammad me réveillèrent en me secouant et en me pinçant les joues.

– Personne ne peut te porter, déclara mon père d'un ton ferme, tout en épluchant un morceau de concombre qu'il frotta contre mon visage.

Il m'en donna un autre à manger. La veille au soir, Mère avait pressé mon père d'en emporter.

– Mirriam, crois-tu vraiment que cela peut remplacer l'eau ? s'était-il étonné avant notre départ.

– J'imagine que oui, avait répondu ma mère.

Imaginer était le mot préféré de Mère. En arabe, elle disait *batkhayyal*, qui signifie aussi « voir l'ombre d'une pensée », comme si l'on était séparé de cette dernière par un fin tissu. Mère semblait habiter derrière ce voile, regarder fixement à travers, et rêver de s'unir à ce qui existait au-delà.

Me tenant à présent seulement à un pas de Mère, je vis qu'elle s'était glissée de l'autre côté de ce voile. Je l'implorai en silence d'en revenir et de me voir. Mais son regard flottait sur la ligne lointaine de l'horizon. Lorsqu'elle prit enfin la parole, elle ne me regarda pas.

– J'entends quelque chose au loin. Un moteur peut-être, murmura-t-elle, pour ne pas interférer avec la toile d'araignée sensorielle qui reliait le bruit à son oreille.

Mon père prit un air féroce. Il ferma les yeux, mit ses mains en cornet et ouvrit la bouche – on aurait dit qu'il voulait avaler le bruit. Il nous demanda d'écouter, puis il nous ordonna de nous tenir par la main et de le suivre en courant.

– Si c'est un véhicule, je le ferai s'arrêter par n'importe quel moyen, promit-il.

Une fois au milieu de la route, mon père écarta brusquement les bras, prêt à embrasser un vaste destin. Il implora les hommes qui se trouvaient sur le bord de la route de se joindre à lui. Beaucoup s'exécutèrent, et parmi eux, un homme armé d'un fusil. Ils se rassemblèrent en un petit groupe, cherchant dans les regards des uns et des autres le courage nécessaire pour former une barrière humaine dont le ciment était leur terreur. Chacun parut comprendre la stratégie, et en un rien de temps, d'autres individus constituèrent des barrières supplémentaires le long de la chaussée.

Le vrombissement d'un diesel s'intensifia, éveillant chez les villageois les espoirs les plus fous et les inquiétudes les plus profondes. Les gens se bousculèrent pour se rapprocher de la route. Mes frères et moi restâmes en retrait sans quitter notre père des yeux, comme s'il était l'aiguille d'une boussole orientée vers le nord.

La source du vacarme apparut bientôt, alors que le point argenté visible dans le lointain se transformait en camion-citerne à eau blanc. La foule remercia Dieu en criant et sauta en l'air très haut, comme pour lui remettre en personne ses messages de gratitude. Mais au lieu de ralentir, le véhicule accéléra. Il fendit le premier groupe à l'image d'un peigne faisant une raie dans une chevelure. Les hommes se jetèrent sur les côtés au dernier moment.

Le camion-citerne roula ensuite vers la barricade que Père avait formée avec d'autres. D'une voix forte, ils proclamaient tous que le bolide ne passerait pas à travers eux. Ils psalmodiaient la toute-puissance de Dieu et demandaient Son aide. Le ronflement ne cessait de s'amplifier. Pourtant, le véhicule s'immobilisa *in extremis* dans un crissement de pneus.

Rapidement, les gens s'agglutinèrent au camion blanc, pareils à des fourmis sur une barre chocolatée. Les hommes escaladèrent le réservoir métallique géant. Les femmes, qui portaient presque toutes des enfants, se mirent à pleurer quand il devint vite évident que le camion ne pourrait transporter qu'un petit nombre d'entre eux. Il laisserait derrière lui la majorité des familles postées près de la route.

Mère exigea de mes frères et de moi une obéissance totale et immédiate. Ce jour-là, nous nous sentions plus des soldats que des enfants, alors nous acquiesçâmes tous les trois d'un signe de tête.

Elle se fia à la voix de Père, qui nous parvenait à travers un vacarme confus. Mère semblait pourtant comprendre chacune de ses paroles. Elle ordonna à mes frères de grimper sur le camion-citerne et de se coller contre le pare-brise afin de boucher la vue du conducteur. Puis elle me souleva par un bras en me commandant de m'infiltrer parmi les autres corps. Je devais me tenir sur la marche du camion, m'agripper à la poignée de la portière et ne plus la lâcher.

– Ibtisam, bats-toi de tout ton être, hurla-t-elle.

J'ignore comment ils firent, mais Basel et Muhammad fendirent la foule et s'étalèrent sur toute la longueur du pare-brise. Moi, je me dirigeai vers la portière. Je fus repoussée à plusieurs reprises, mais je persévérai jusqu'à poser enfin ma main sur la poignée. J'écrasai mon visage contre la vitre et attendis une nouvelle consigne de ma mère. Je l'entendis prononcer mon prénom et je compris qu'elle était tout le temps restée derrière moi et, pour me maintenir sur la marche, m'avait soutenue avec son corps.

À l'intérieur du camion-citerne se trouvaient le chauffeur, sa femme et trois enfants. Entassés les uns contre les autres, ils fixaient les visages fous qui les entouraient. Mon père pressait le sien contre la vitre en face de moi. Il déversa un torrent de jurons, demanda au conducteur de nous permettre d'entrer dans la cabine avec sa famille et de laisser autant de personnes que possible s'agripper au véhicule pendant le trajet jusqu'à la Jordanie. Puis, montrant du doigt un homme qui pointait un fusil sur les pneus avant, Père l'avertit que s'il refusait, celui-là tirerait.

Il lui était impossible d'ouvrir la portière, se défendit le conducteur. La foule les ferait sortir de force, prendrait le camion et s'en irait. Mon père promit que non. L'homme hésita, jusqu'au moment où nous entendîmes tous le tonnerre des bombardements qui s'accentuaient.

Alors le chauffeur fit signe à sa femme. La portière s'entrouvrit, et Mère, mes frères et moi nous engouffrâmes instantanément à l'intérieur et nous jetâmes sur le siège. La femme, qui avait maintenant trois enfants en pleurs sur les genoux, regarda Mère et jura. Tremblante, elle se pencha pour verrouiller la portière.

Récitant une courte prière, l'homme se prit le visage dans les mains, comme pour se réconforter, puis klaxonna afin d'écarter la foule devant le camion. Il annonça que nous ne nous arrêterions plus avant la Jordanie. J'ignorais quelle serait la durée du trajet ; j'espérais toutefois que cela ne serait pas trop long. Mes pieds m'élançaient atrocement. Vu que nous nous poussions dans tous les sens, je finis la tête plaquée contre la petite vitre située derrière le siège.

Mon père était de l'autre côté. Il tenait à présent une fiche métallique, qu'il utilisait pour taper contre la carrosserie. Il expliqua au conducteur le sens des signaux qu'il lui enverrait : deux coups signifiaient qu'il devrait ralentir pour éviter que les hommes ne tombent, et trois coups qu'il devrait s'arrêter. L'homme hocha la tête.

Les bruits intermittents des bombardements me faisaient sursauter. Ils incitaient aussi le chauffeur à accélérer. Mais Père le forçait à modérer son allure en donnant deux coups. D'autres personnes l'imitaient, afin de s'assurer que le signal serait entendu.

Le chauffeur variait ses réponses : tantôt des jurons, tantôt des prières pour le moment où il parviendrait à se débarrasser de nous.

Lorsqu'un avion bourdonnait au-dessus de nos têtes, les hommes hurlaient. Leurs voix déferlaient sur nous à la manière d'une énorme vague qui me trempait d'angoisse. Cependant, mon regard était rivé sur mon père : il était devenu le centre solide de mon univers.

Le camion-citerne faisait maintenant un bruit de ferraille. Son conducteur nous rappelait sans cesse de ne pas nous appuyer trop fort contre les vitres et les portières.

En un rien de temps, Mère et la femme du chauffeur, qui s'appelait Hamameh, discutèrent comme de vieilles amies. Hamameh invita Mère à lui rendre visite quand la guerre serait finie et que nous retournerions chez nous.

– Venez passer une journée à la maison avec vos enfants, proposa-t-elle.

Alors, apaisée par les voix chaleureuses des femmes et bercée par le ballottement du camion, je m'endormis.

Je me réveillai en sursaut, parmi des bruits de klaxons, d'enfants en pleurs, de cris d'individus au-dessus d'une foule gigantesque, dans un tourbillon de poussière et de chaos. Nous arrivions au pont qui enjambait le Jourdain. Une fois que nous l'aurions franchi, nous aurions quitté la Cisjordanie.

D'innombrables véhicules, aussi bondés que le nôtre, tentaient de traverser. Sur le bord de la route, des groupes de personnes qui transportaient toutes leurs affaires dans de simples couvertures nouées suppliaient qu'on les emmène. Certaines se résignaient à partir à pied ou essayaient d'avancer dans l'eau peu profonde sous le pont tremblant.

La rumeur courait qu'il y avait des refuges à Zarqa, Amman, Al-Salt et dans d'autres villes jordaniennes. Les familles étaient nombreuses à ouvrir leurs maisons pour accueillir les réfugiés cisjordaniens. Mère et la femme du chauffeur sanglotaient en entendant cela.

– Le bien existe encore dans ce monde, s'exclama Mère.

– Dieu n'oublie personne, affirma Hamameh.

Nous serions donc bientôt en sécurité.

– Nous avons réussi ! annonça le conducteur à l'instant où nous quittâmes le pont.

Il remercia Dieu par une brève prière. Mais même si nous nous trouvions maintenant en Jordanie, nous entendions toujours des avions au-dessus de nous – qui commencèrent à faire feu.

Notre camion se mit à rouler à une vitesse vertigineuse, on aurait dit que la peur lui donnait des ailes. Parallèlement à nous, d'autres véhicules fonçaient en formant plusieurs files sur l'étroite route pavée. Un gigantesque nuage de poussière nous enveloppa tous rapidement, nous empêchant de voir derrière nous. Toutefois, je savais que mon père et les autres hommes s'agrippaient si fort aux barres de l'arrière du camion qu'ils ne faisaient plus qu'un avec lui.

Nous parvînmes à Al-Salt l'après-midi. Le camion-citerne arriva devant l'entrée d'un refuge pour femmes et enfants, et Mère ouvrit grand la portière. Hamameh, ses trois enfants, Mère et ma sœur, mes frères et moi, descendîmes précipitamment, dans des soupirs de soulagement. Notre chauffeur, Père et les autres hommes annoncèrent qu'ils nous laissaient – ils allaient offrir leur aide là où l'on en avait besoin. Le conducteur rassura sa femme. Assis maintenant sur le siège passager, Père dit à Mère qu'il reviendrait nous voir ou trouverait un moyen de nous envoyer de ses nouvelles aussi souvent que possible. Il tendit un bras par la vitre, auquel mes frères et moi restâmes suspendus en attendant que le conducteur remette le moteur en marche. Alors nous sautâmes du marchepied. Mais Père garda le bras hors de la fenêtre pour nous faire signe et nous lui rendîmes ses au revoir, jusqu'à ce que le camion-citerne blanc disparaisse finalement au loin.

Souma

Le refuge était une maison en pierres de trois étages. Avant d'y pénétrer, Mère avoua qu'elle n'était pas sûre que Maha respire toujours.

– Cela fait tellement longtemps que je n'ai pas entendu sa voix ; je n'ai pas le courage de vérifier si elle est vivante, avoua Mère.

Sans rien dire, Hamameh tendit la main vers le nez de ma sœur. Elle le pinça brièvement. À notre grand soulagement, Maha toussa puis pleura.

Nous nous frayâmes un passage à l'intérieur du refuge, sorte de boîte contenant des étrangers serrés comme des sardines. Toutes les deux ou trois secondes, les sirènes se déclenchaient.

– *Khatar, Khatar !* criaient des voix.

Les femmes et les enfants montaient l'escalier en courant, avant de redescendre en hurlant : ils avaient vu des incendies et des bombardements par les fenêtres des deuxième et troisième étages.

Les sirènes retentissaient avant ou après les pilonnages. Elles étaient toujours suivies d'un moment de silence pendant lequel, le cœur au bord des lèvres, nous nous attendions à la destruction de notre abri. Mes frères et ma mère, Hamameh et ses enfants participaient tous à la folie de l'escalier.

Je me cramponnais à mes frères et me déplaçais à cloche-pied. Mais à un moment, je ne supportai plus qu'on me donne des coups de coude, qu'on me pousse ou que l'on piétine mes pieds blessés. Les entailles que je m'étais faites en courant sans chaussures avaient enflé ; il m'était de plus en plus difficile de marcher.

Je décidai de m'asseoir dans un coin du sous-sol. Là, presque invisible au milieu d'une nappe d'obscurité et de silence, je découvris un ânon. D'abord, je n'en crus pas mes yeux. L'espace d'un bref instant, ma surprise me fit oublier tout le reste. Je levai les bras pour lui toucher la tête ; il demeura immobile. Je lui parlai ; il me regarda et m'écouta. Je m'agenouillai par terre et le tirai vers moi. Il se laissa faire. Je le baptisai aussitôt Souma et l'embrassai de tout mon cœur.

Je restai avec Souma en attendant que les attaques aériennes diminuent. Mais les hurlements des chiens errants prirent le relais. La guerre avait réveillé leur instinct de meute. Ils arrivaient en ville pour trouver de la nourriture et des endroits où se cacher. Ils reniflaient, griffaient, grognaient et jappaient – je croyais entendre de terrifiants démons. Les oreilles de Souma se dressaient telles des antennes mesurant le danger. Une simple porte en bois nous séparait des chiens.

– Attention ! cria quelqu'un dehors.

Je me couvris la tête et me bouchai les oreilles. J'entendis malgré tout les coups de feu, accompagnés d'acclamations chargées d'anxiété.

Les meutes battirent en retraite, abandonnant les animaux blessés dont on percevait les plaintes qui diminuèrent peu à peu, pour ne plus ressembler qu'à des gémissements de nourrisson. Mon visage était baigné de larmes. Je savais que ces chiens étaient en train de mourir et qu'ils s'étaient approchés de notre porte seulement parce que, comme nous, ils cherchaient refuge. Mais au lieu de les recueillir, nous leur avions tiré dessus, à l'instar des avions qui nous avaient attaqués. J'écoutai jusqu'à ce qu'il n'y ait plus que le silence.

Je laissai Souma au sous-sol et montai l'escalier à quatre pattes pour rejoindre les autres. Les femmes recouvraient les fenêtres de papier et de tissu. Elles cherchèrent du charbon, en vain. Des fenêtres occultées empêcheraient les avions de remarquer la lumière dans notre abri et de le prendre pour cible. Elles déplièrent ensuite des couvertures que l'on empila le long du mur comme des gaufrettes géantes. Les enfants s'y allongèrent et jouèrent dans ces minuscules forts, construits à l'aide de couvertures posées sur leurs têtes. Je m'étendis, moi aussi. Je m'endormis mais les blessures lancinantes de mes pieds me réveillèrent à plusieurs reprises. Les femmes ne dormirent pas. Elles passèrent le temps en racontant des histoires de la guerre de 1948, tissant leurs souvenirs avec leurs inquiétudes et leurs larmes. Elles ne s'arrêtèrent que lorsque l'appel du minaret[1] d'une mosquée[2] voisine annonça l'arrivée d'un nouveau jour.

Allahu Akbar, « Dieu est le plus grand ». Chacun répéta ces mots. Mais Dieu allait-il mettre fin à la guerre aujourd'hui ? Mettre fin à notre fuite et nous renvoyer chez nous ? Je voulais savoir. Levant les bras vers le ciel, nous demandâmes à Dieu qu'il prolonge encore nos vies d'une journée supplémentaire.

Les femmes espéraient que l'obscurité permettrait aux enfants de se reposer plus longtemps. Mais la faim interrompit le sommeil de tout le monde. Ce jour-là, les gens du voisinage nous donnèrent du pain et du thé, quand ils se rappelaient que nous n'avions rien et que nous ne connaissions personne.

1. Tour d'une mosquée du haut de laquelle les fidèles sont invités à la prière par le muezzin (religieux musulman).
2. Édifice consacré au culte musulman.

Il en fut de même les jours suivants. Nous ne pouvions jamais deviner si nous aurions de la nourriture ni à quel moment.

Cependant, chaque fois que cela se produisit, les plus jeunes et les plus malades reçurent leur pain et leur thé en premier. Mère m'apporta ma part en insistant pour que je n'en laisse aucune miette. Elle posa sa main sur mon front pour vérifier ma température. Me trouvant fiévreuse, elle me demanda d'appliquer ma joue contre le sol en ciment froid.

Je m'assis pour manger et Mère s'occupa de mon pied, devenu aussi gros qu'une pomme de terre. Mes sanglots lui déplurent.

– Tu deviendras aveugle et vivras toute seule pour toujours si tu continues à pleurer, me prévint-elle en fermant brutalement les yeux pour illustrer son propos.

Je voulus vérifier les avertissements de Mère. Je serrai fort les yeux et essayai de comprendre ce que signifiait « devenir aveugle ». Mais je découvris que, les yeux clos, je voyais mieux. Je voyais même des choses qui n'étaient pas là : notre maison à Ramallah, la route de gravier qui y menait, derrière, la forêt de pins, les carrés de menthe verte sur la terre sèche et les sculptures de pierres que Père nous avait appris à construire en entassant des pierres plates, afin de leur donner des formes humaines. Il appelait chaque tas *qantara*, moi, je préférais *une personne en pierre*. À présent, je voyais la *qantara* que mon père avait édifiée un jour pour me rappeler qu'il m'aimait. Je voyais aussi le figuier sur le côté de la maison, seul dans le champ, un fruit mûr précoce accroché à une branche. Les moineaux l'avaient épargné. Cette figue pendait comme un baiser. Son col se déchirait doucement. Bientôt elle serait par terre, sucrée comme du nectar. Les moineaux s'en délecteraient.

Les yeux toujours fermés, je voyais mon père apparaître devant moi, vêtu de sa chemise verte dont la poche de poitrine était toujours pleine. À l'intérieur, il conservait son petit peigne noir, des listes d'aliments que Mère lui avait demandé d'acheter, ainsi qu'un stylo clip qui dépassait près du bouton incolore. En pensée, je courais vers lui et lui prenais la main. Je ne voulais pas le laisser partir. Et soudain, je compris ce que Mère voulait dire lorsqu'elle utilisait le mot *imaginer*. Moi aussi, j'étais capable d'imaginer. Je n'avais qu'à cligner des yeux – je pouvais voir tout ce que je voulais, chaque fois que je le désirais. Je n'avais besoin de la permission de personne. En outre, je pouvais clore mes paupières et me cacher n'importe où dans mon imagination, éloigner les bruits de la guerre et les rendre moins alarmants.

En peu de temps, le refuge devint un véritable foyer, chacun appartenant à la même famille. Mère et Hamameh bavardaient toute la journée. Mes frères passaient leur temps à jouer avec les autres enfants. Quant à Souma l'ânon, il était mon meilleur ami ; nous étions inséparables. Ces personnes qui ne se connaissaient pas quelques jours plus tôt seulement se souvenaient maintenant des noms des unes et des autres, des villes qu'elles avaient fuies et des directions à suivre pour aller dans leurs quartiers respectifs. Elles racontaient leur souffrance et leurs maladies, et pleuraient sur les épaules de leurs compagnes d'infortune. Elles se confiaient des messages à transmettre au cas où elles mourraient lors d'une attaque. Puisque nous ignorions tous combien de temps durerait la guerre, nous décidâmes de nous partager le travail et de dormir à tour de rôle. Les femmes entretenaient impeccablement l'abri, comme leur propre maison.

L'eau potable, qui provenait d'un puits situé dans la cour, était stockée dans une urne en argile. Elle n'était manipulée que par les adultes car sa base étant mince, elle pouvait très facilement se renverser. Les femmes la surveillaient attentivement, attrapaient les bébés qui rampaient autour et criaient aux enfants de ne pas courir à côté. L'urne possédait une bouche et deux oreilles sur les flancs. Une énorme soucoupe en fer-blanc posée sur le dessus faisait penser au bord d'un chapeau. Avec son cou, son ventre rond et sa minuscule base, ce pot était le seul homme parmi nous.

Les ordures étaient déposées dans un baril en métal rouillé près de la porte. Des mouches entêtées en constituèrent bientôt le couvercle, jusqu'à ce qu'un groupe de garçons fasse rouler le baril plus loin avant d'y mettre le feu.

Certaines femmes allaitaient les nourrissons de celles qui n'avaient plus de lait. Il était dit, et répété, que des enfants allaités par la même femme deviendraient instantanément les membres d'une même fratrie et ne devraient jamais se marier entre eux. Étant donné que Mère n'allaita que Maha, notre famille ne s'agrandit pas. En revanche, Mère se trouva une sœur : Hamameh, l'épouse du conducteur du camion-citerne. Les deux amies convinrent de s'entraider dans les épreuves qui pourraient survenir si la guerre s'éternisait et que leurs maris ne revenaient pas. Mais la guerre s'acheva six jours après qu'elle eut commencé. Pour nous qui nous trouvions au refuge, elle prit fin avec deux mots – *Behawenha Allah* – prononcés par un homme en pleurs, venu à notre porte appuyé sur une canne.

Les occupants de l'abri éclatèrent en sanglots car *Behawenha Allah* signifiait : « Nous avons tant perdu que seul Dieu peut soulager notre perte. » Notre perte ? Quelques jours auparavant, j'avais perdu mes chaussures et notre maison. Chacun avait-il lui aussi vécu les mêmes épreuves ? J'ignorais pourquoi les femmes, et surtout ma mère, qui me conseillait souvent de ne pas pleurer, sanglotaient maintenant sans retenue, les larmes ruisselant le long de leurs visages.

Serrée contre Souma, moi aussi je pleurai, parce que ces paroles créaient le chaos dans le refuge. Puis tout le monde sortit. J'essayai de suivre, mais mes pieds, en particulier le droit, m'en empêchèrent. La douleur m'était insupportable. Et je savais que cette fois, s'il fallait fuir, je serais incapable de courir.

Les jours suivants, tous les occupants quittèrent définitivement le refuge, sauf Hamameh, ses enfants et ma famille. Avant le départ, chacun secouait la tête avec tristesse et agitait les bras, comme pour effacer le souvenir de cette guerre. Nous aussi, nous voulions partir. Nous attendîmes que le mari de Hamameh et Père viennent nous chercher.

Mais il ne vint qu'un homme et une femme, dont les visages ridés me rappelèrent ma grand-mère. C'étaient Um et Abu Muhammad, qui avaient ouvert leur maison pour nous abriter. Après avoir passé la semaine à Amman chez des parents, ils étaient de retour.

Um et Abu Muhammad étaient heureux de découvrir ceux qui s'étaient réfugiés chez eux. C'était la première fois qu'ils nous voyaient mais ils nous embrassèrent sur les joues et nous serrèrent dans leurs bras en remerciant Allah de nous avoir laissé la vie sauve. Mère et Hamameh se courbèrent pour baiser la main d'Um Muhammad, mais celle-ci recula, refusant leurs remerciements.

– C'est un devoir, affirma-t-elle.

Le couple nous invita à rester chez lui aussi longtemps que nous en aurions besoin, mais Hamameh souhaitait rejoindre des parents à Amman. Elle dit leurs noms à notre hôte. Il les connaissait. Il contacta donc la famille de Hamameh.

Avant la fin de la journée, un taxi se gara devant la porte, soulevant un nuage de poussière, et le chauffeur demanda à voir Hamameh. C'était son oncle. L'heure de quitter le refuge avait enfin sonné pour Hamameh et ses enfants.

Hamameh n'avait pas de valise à faire. Elle se tourna vers Mère pour lui dire au revoir. Soudain, j'eus peur. Père allait-il venir nous chercher ? Saurions-nous rejoindre Ramallah ? Qui me porterait ? Je regardai fixement Mère, adossée au mur, silencieuse. Hamameh comprit son silence.

– Mirriam, ma maison est la vôtre. Venez avec nous en attendant que les hommes reviennent, proposa-t-elle, tirant Mère par l'épaule.

Mère accepta. Um et Abu Muhammad promirent de dire à mon père et au mari de Hamameh où nous trouver. Pour nous aussi, il était l'heure de partir.

– On s'en va, déclarai-je d'une voix joyeuse à l'oreille de Souma, pensant qu'il n'avait que moi au monde.

J'étais prête à aller n'importe où, à condition qu'il vienne avec moi.

– Nous n'avons pas de place pour un âne dans la voiture, lança Mère d'un ton brusque.

– Je ne partirai pas sans lui. Yamma, laisse-le venir avec nous, suppliai-je.

Je serrai Souma de toutes mes forces tandis que Mère tentait de m'en détacher.

Um Muhammad s'interposa entre nous. Elle affirma doucement que Souma lui appartenait.

– Non ! Il est à moi ! protestai-je.

– Mais il serait si triste de perdre sa maison, dit-elle.

Je compris alors ce qu'elle voulait dire. Et je lâchai l'âne.

Hôpital

La nouvelle maison de Hamameh consistait en une pièce et une cuisine. Elle nous attribua un matelas et l'espace de la cuisine pour dormir la nuit. Durant la journée, Mère et elle faisaient le ménage et discutaient. Moi, j'attendais mon père en silence.

Enfin, lorsque la lune fut ronde comme un melon, il apparut avec le mari de Hamameh. Malgré la fin de la guerre, nous n'étions pas libres de retourner en Cisjordanie, nous apprirent-ils. Mon père nous annonça également qu'il avait trouvé du travail : il livrait les commerces de quartier en boissons gazeuses. Quelle joie ! Nous adorions les sodas, surtout ceux à l'orange.

Le matin, mon père nous autorisait, Basel, Muhammad et moi, à l'accompagner dans son pick-up. Le véhicule était rempli de bouteilles de verre qui cliquetaient dans leurs caisses, pareilles à des cartons à œufs. Abu Omar, le propriétaire de la camionnette, avait offert à Père une chambre minuscule, dans l'attente d'un logement capable de nous accueillir tous.

Mon père avait aussi négocié une bouteille de soda par jour pour chacun de nous, incluse dans son salaire. Lorsque j'appris cela, mon cœur déborda d'amour pour lui. Il n'oubliait jamais de nous faire des petits cadeaux, même si je n'étais plus capable de courir à sa rencontre : mon pied droit s'était transformé en ballon et avait l'aspect violet et luisant d'une aubergine. Très inquiet, mon père déclara qu'il fallait m'emmener à l'hôpital le plus proche. Le lendemain, dès la fin de ses livraisons, nous nous y rendîmes tous.

Je n'avais jamais vu de bâtiment aussi grand. L'hôpital ressemblait à une boîte d'allumettes géante. Au loin, des épicéas l'entouraient, pareils à des bougies. Des véhicules étaient alignés sur le parking et des barres de fer diagonales protégeaient les fenêtres.

À l'intérieur, d'âcres émanations – de vinaigre, d'alcool, d'iode liquide violette, de solution Mercurochrome rouge et de savon – emplissaient l'air. Des aiguilles s'entrechoquaient dans des plateaux d'acier posés sur des chariots que poussaient des infirmières occupées.

Les portes s'ouvraient et se fermaient d'un coup sec sur les va-et-vient des nombreux patients, qui s'appuyaient parfois sur des cannes en bois ou les bras de leurs parents. Ceux qui étaient assis prenaient dans leurs mains leurs visages froissés par la douleur.

La couleur blanche omniprésente se mélangeait aux odeurs froides et au brouillard de peur qui planait dans les couloirs. Me tortillant dans les bras de mon père, je criai que je voulais rentrer chez nous. Mon père me supplia de laisser un médecin examiner mon pied et me promit en échange un énorme morceau de barre au sésame.

Avant que je puisse répondre, un infirmier à l'épaisse moustache et à la voix chaleureuse, pareille à celle de mon père, arriva. Mes parents lui expliquèrent ce qui était arrivé à mon pied. L'infirmier hocha la tête et nous conduisit dans une salle où nous rejoignit bientôt un médecin.

Celui-ci prit délicatement mon pied entre ses mains. Il le souleva, le rabaissa et le tordit à droite et à gauche comme si c'était le sien, un sourire toujours accroché à ses lèvres, même lorsque je pleurai.

– Si vous aviez attendu plus longtemps, ce pied aurait subi des lésions définitives, affirma le docteur.

Mère lui expliqua que vu que nous étions dans un refuge, elle n'avait rien pu faire. Le médecin, lui-même réfugié, comprenait la situation critique dans laquelle se trouvaient les parents en temps de guerre.

Après avoir reçu des soins, je devais rester une nuit en observation à l'hôpital. Mes parents me promirent qu'ils ne me laisseraient pas seule, et mes frères se rapprochèrent, décidés à passer la nuit avec moi quel que soit l'endroit où je serais.

Pendant que nous parlions, le docteur disparut derrière un rideau. Quand il revint, il cachait une main derrière son dos. Puis il me plaça sur le côté, et une injection m'ôta la conscience de tout ce qui suivit.

Le lendemain, je me réveillai dans une gigantesque salle pleine d'inconnus. Tous dans des lits. Certains allongés sous des toiles d'araignée de tissu blanc qui maintenaient suspendus leurs bras ou leurs jambes. D'autres la tête bandée. D'autres encore le regard perdu dans le vague, apathiques.

La blancheur de mes draps recouvrant tout mon univers, je sentis un profond sentiment de vide s'emparer de moi. Mes parents m'avaient promis de ne pas me laisser. Pourquoi n'étaient-ils pas là ?

Je bougeai mon corps, mais le bandage qui enveloppait l'une de mes jambes était si serré qu'il me déséquilibrait quand je tentais de m'asseoir. Je me mis à hurler en battant des bras, en signe d'intense indignation et de frustration, heurtant le lit voisin. Des dizaines de paires d'yeux se tournèrent vers moi. Le médecin accourut pour m'assurer que mes parents seraient de retour à la fin de la journée. Je patientai.

Basel et Muhammad revinrent en effet, accompagnés de mon père qui me tendit une barre au sésame géante. Il me dit que c'était pour aller l'acheter qu'ils s'étaient absentés. Cela me rendit heureuse. De plus, le médecin déclara que l'état de mon pied s'améliorerait bientôt. Il remit à Père un sac rempli de comprimés, de flacons et de pommades. Je pouvais rentrer chez nous mais devrais retourner à l'hôpital à plusieurs reprises pour des visites de contrôle.

– Où est Mère ? m'enquis-je.

J'aurais voulu qu'elle soit là, elle aussi. Mon père comprit ma déception.

– Nous serons très bientôt à la maison ; elle t'attend, m'assura-t-il, avant de me chatouiller la joue jusqu'à ce que je sourie.

Pourtant, je craignais que Mère ne désire pas me voir autant que moi je désirais la voir. Nous n'avions qu'une mère, et nous voulions tous être constamment avec elle. Mais elle avait quatre enfants. Peut-être que le fait de ne voir qu'un seul d'entre nous lui suffisait. Et en ce moment, elle était avec ma sœur. Mon père, cependant, était différent. Près de lui, je me sentais importante, aimée juste pour ce que j'étais.

Plus tard, de retour dans la cuisine de Hamameh, lorsqu'il fut l'heure pour mon père d'aller dormir chez Abu Omar, je m'accrochai à lui et refusai de le lâcher. Quand il essaya de se dégager de mon étreinte, je laissai exploser ma détresse, si bien qu'il dut rester. Il finit toutefois par se libérer, courut vers la voiture et démarra. Mais Basel et Muhammad, voulant m'aider, la suivirent de si près que mon père s'arrêta et fit demi-tour, les phares de l'auto décrivant des cercles sur les murs intérieurs de la cuisine.

Revenu me prendre dans ses bras, mon père avait les larmes aux yeux.

– Je suis écartelé, admit-il.

Il décida finalement de m'emmener avec lui. Je le rejoignis dans sa camionnette et me retournai pour remercier mes frères qui, adossés à la porte de la maison, souriaient de notre victoire.

La chambre dans laquelle mon père et moi dormions chez Abu Omar se trouvait en bordure d'un jardin entourant une villa en pierres. Le jardin regorgeait de pruniers, de citronniers, de figuiers, et était agrémenté d'une rangée de jasmins, de rosiers et d'hibiscus. Les fleurs d'hibiscus s'enroulaient comme des cigarettes lorsqu'elles s'endormaient. Mais les jasmins ne dormaient jamais. Leurs fleurs en forme d'étoiles étaient perpétuellement grandes ouvertes, étourdies de parfum.

Un lit étroit, une table en bois et une lampe à pétrole nous attendaient. Tout était calme. Mon père m'avertit que le moindre bruit était susceptible de réveiller Abu Omar et de le mettre en colère. Papa risquerait alors de perdre son emploi et nous n'aurions plus le soda qu'il nous rapportait chaque jour. Je hochai la tête en silence, n'osant même pas murmurer.

Le lendemain matin, Abu Omar et ses trois grandes filles nous saluèrent. Mon père et lui discutèrent de la journée de travail et ses filles partirent préparer du thé ainsi qu'un petit déjeuner composé d'œufs au plat, de fromage aigre, de confiture d'abricots et de beurre de sésame.

Les trois sœurs me rappelaient Mère lorsqu'elle était heureuse. Leurs longues tresses brunes se terminaient par des rubans aux couleurs vives. Elles parlaient doucement et cachaient leurs dents avec leurs mains quand elles gloussaient. Chacune son tour, elles m'encouragèrent à les rejoindre en me faisant des signes. Affolée, je secouai la tête. Elles insistèrent en sortant une boîte de bonbons. Ce qui, à mes yeux, n'était qu'un autre moyen de me séparer de mon père. Je me fâchai contre elles.

Le petit déjeuner servi, j'étais trop anxieuse pour manger. Mon père certifia alors à Abu Omar que ma présence ne le dérangerait pas dans son travail.

Les filles n'abandonnèrent pas pour autant leurs tentatives de m'amadouer. Elles apportèrent un sac de tissu débordant de jouets, de sifflets et de balles qu'elles déversèrent devant moi, en m'offrant de choisir tout ce que je souhaitais.

Mais la seule chose que je voulais, c'était mon père. Lorsqu'il se dirigea vers l'évier pour se laver les mains, une vague d'inquiétude me submergea. Incapable de tenir debout, je me jetai par terre derrière lui. J'entourai ses pieds de mes bras et pleurai, inconsolable. Finalement, les sœurs parurent comprendre. Elles remirent les jouets dans le sac de tissu et le tendirent à mon père.

– Pour elle, offrirent-elles.

Mais je ne désirais pas de jouets.

Je passais mes jours et mes nuits collée à mon père. Ses clients s'étaient habitués à ma présence. Une fois qu'ils avaient entreposé les caisses dans leur magasin, ils passaient la tête par la vitre du pick-up pour me demander comment allait mon pied. Ils lançaient sur mes genoux des montagnes de bonbons, que je suçais des heures durant. J'en gardais toujours pour mes frères.

Mon pied guérit enfin, et me sentant plus forte, je commençais à me détacher de mon père. Mes parents m'achetèrent bientôt une paire de bottes couleur chocolat, que j'avais le droit de porter aussi souvent que j'en avais envie, et pas uniquement pour les grandes occasions. Basel et Muhammad m'apprirent à les lacer et les délacer, ce que je m'entraînai à faire encore et encore, jusqu'à ce que je le fasse naturellement.

Maintenant je remarchais, jouais et courais dans les rues, tel un petit singe. Lors de la dernière visite de contrôle à l'hôpital, le médecin sourit comme si c'était lui-même qui s'était rétabli.

– Nous avons gagné la bataille, déclara-t-il, serrant mon pied affectueusement, de la même manière que l'on serre la main d'un ami.

Lentilles

Tous les enfants du voisinage jouaient dans la rue centrale qui coupait notre quartier en deux. Les voitures ralentissaient tandis que nous la traversions sans cesse. Pourtant, un jour, l'une d'elles manqua heurter un garçon. Il était indemne mais ses jambes tremblaient, telles des feuilles sous le vent. Le visage pâle, il gisait au milieu de la rue et pleurait. Il refusait absolument que le conducteur l'aide à se relever.

La mère du garçon, complètement paniquée, arriva sur place en trombe, sans savoir si son fils était vivant ou mort. Elle se mit à marteler la poitrine du chauffeur. L'homme encaissa les coups, silencieux comme une pierre. Devant le chagrin de sa mère, le garçon fit un suprême effort pour se relever. Il essuya ses larmes sur sa manche et affirma qu'il n'avait rien. Il voulait recommencer à jouer. Sa mère le poussa devant elle et ils rentrèrent tous deux chez eux. Tantôt la femme remerciait Dieu que son fils soit sain et sauf, tantôt elle jurait et regrettait qu'il ne soit pas mort.

L'incident rendit Mère anxieuse. Elle ne pouvait pas nous garder à l'intérieur de la maison, ni s'assurer que nous serions en sécurité dehors. Au retour de mon père ce soir-là, elle avait pris une décision. Il fallait que nous déménagions.

Père nous fixa chacun tour à tour un moment, puis avoua lui aussi son inquiétude à notre sujet. Toutefois, nous n'avions pas les moyens d'aller vivre ailleurs. De plus, les habitations disponibles étaient rares. La ville d'Amman croulait sous les réfugiés qui, comme nous, avaient fui la guerre et ne pouvaient pas rentrer chez eux.

Mère avait entendu dire qu'après la guerre, le gouvernement jordanien avait transformé nombre d'établissements scolaires en logements temporaires pour les réfugiés de Cisjordanie. La rentrée n'aurait lieu qu'en septembre. Elle insista donc pour que nous allions habiter dans une école. Nous pourrions jouer dans la cour de récréation et elle n'aurait pas à se préoccuper de notre sécurité, argumenta-t-elle. Père accepta.

Le lendemain, Mère et Hamameh parlèrent de notre départ.

– Peut-être reverrons-nous bientôt Ramallah, espéra Mère. Suleiman nous a déjà enregistrés à la Croix-Rouge internationale.

Elle leva les mains en signe de prière.

– Les noms de ceux à qui on accordera des laissez-passer seront annoncés à la radio. Je la laisserai allumée toute la journée, ajouta-t-elle.

– Mais toutes les villes sont occupées à présent. Ne sais-tu pas ce que ça signifie ? objecta Hamameh, mordant sa lèvre d'un air soucieux. Serez-vous jamais en sécurité si vous retournez là-bas ?

Mère était troublée. Pourtant, elle était certaine d'une chose : nous retournerions à Ramallah, tôt ou tard.

Celles qui étaient devenues de véritables sœurs tinrent entre leurs mains le visage de l'autre ; elles n'oublieraient jamais. Dans un silence aussi profond que l'océan de leur peine, elles s'embrassèrent deux fois sur les joues, puis se quittèrent.

Nous déménageâmes donc dans une école. Mère disait que ses conversations avec Hamameh lui manquaient. Elle avait envie de la voir. Moi, j'avais l'impression que même si elle ne la revoyait jamais, le prénom de Hamameh (à l'image de sa signification en arabe – colombe –) planerait toujours, étincelant, dans le ciel de ses souvenirs, y laissant de douces empreintes d'une bonté éclose de la cruauté de la guerre.

La cour de récréation de l'école était pleine de garçons qui tapaient fort dans les ballons, se donnaient des coups de poing et se battaient comme s'ils étaient eux-mêmes en guerre. Ils cassaient des fenêtres, qui n'étaient jamais réparées. Jour et nuit, l'air chaud entrait et sortait à flots du bâtiment délabré. Je m'allongeais à l'intérieur, sur le carrelage, pour me rafraîchir.

Pendant que mes frères jouaient avec leurs camarades, j'explorai la salle de classe qui était devenue notre maison. Une bande d'enfants se joignit à moi. Les étagères avaient été vidées avant notre arrivée, les tables et les chaises poussées sur les côtés afin de créer un espace où dormir. Des couvertures étaient empilées dans un coin, les chaussures entassées près de la porte. La plupart du temps, les gens marchaient pieds nus dans l'école. Un tableau noir recouvrait le mur de devant sur toute sa longueur.

Je voulais la craie qui était posée au bas du tableau. D'autres enfants la voulaient aussi. Nous sautâmes tous pour nous agripper au rebord, auquel nous étions désormais suspendus. Le panneau trembla. Nous nous réfugiâmes dans le coin le plus éloigné de la pièce, accroupis, et nous le vîmes se décrocher du mur et tomber.

Le vacarme fit accourir Mère et les autres femmes. Elles installèrent le tableau par terre, à la verticale contre le mur. Les enfants volèrent alors vers les bâtonnets blancs ainsi que les abeilles vers les fleurs. Les mains se levèrent ; chacun désirait dessiner quelque chose. Lorsque Mère me vit gribouiller de toutes mes forces, elle me prit la craie des mains et traça la première lettre de l'alphabet arabe.

– C'est l'Alif, m'apprit-elle, avant de me rendre le bâtonnet.

Elle me demanda de le dessiner.

L'Alif est une longue ligne verticale qui se termine par un arrondi. Il ressemble à une glace à l'eau, un pissenlit, un tournesol, un réverbère ou un homme avec un chapeau sur la tête – comme mon père, l'hiver. Je crus que l'Alif vivait à l'intérieur des bâtons de craie. Parce que je souhaitais être amie avec cette lettre, j'en emportais un partout où j'allais.

Très vite, j'aimai l'Alif de tout mon cœur et je le tins aussi pour responsable de tout ce qui me déplaisait ou que je ne comprenais pas. Lorsque je mouillais mon lit la nuit, je lui reprochais de ne pas m'avoir réveillée. Quand je laissais tomber mon assiette, éparpillant de la nourriture partout, c'était parce qu'il m'avait fait trébucher. Lorsque je m'emportais contre l'Alif, je le dessinais sur le tableau et l'y abandonnais; il me criait de lui pardonner et de revenir. Il me jurait qu'il ne recommencerait pas. Alors je retournais vite vers mon nouveau camarade. Je ne pouvais pas rester longtemps loin de l'Alif, mais lui ne le savait pas.

Je le présentai à mon père, lorsqu'il revint nous voir après plusieurs jours d'absence. Sous la pression de Mère, Père avait pris un second emploi le soir. Il nous avait également trouvé un nouveau logement dans un secteur appelé Marka. Nous quittâmes l'école le jour même. Contrairement à mon ami Souma l'ânon, que je n'avais jamais revu, l'Alif, ma craie de compagnie, pouvait m'accompagner, fourré dans ma poche.

Devant notre nouveau foyer nous attendait un homme portant une coiffe rouge et blanc. Il nous conduisit à l'intérieur et nous remit la clé. Mère sourit à Père, qui rappela au propriétaire que si nous étions autorisés à retourner à Ramallah, nous lui donnerions un préavis de départ d'une journée seulement. Il accepta.

Cette habitation ne comprenait qu'une seule pièce. Mère installa une cuisine dans un coin, qu'elle délimita à l'aide de ma craie. Nous ne devions pas y pénétrer.

La peinture sur les murs et le plafond s'écaillait, dégringolant sur le sol en copeaux semblables aux feuilles de septembre qui tombent des arbres. J'aidai Mère en ramassant ces pétales desséchés, je les conservai dans mes poches, avant de les lancer au vent.

La fenêtre de notre pièce donnait sur les boutiques du centre de Marka. Nous regardions les gens aller et venir. En quelques jours seulement, nous pûmes reconnaître les visages des habitués du quartier. Avec ses deux tables minuscules et ses nombreuses chaises, le café attirait les hommes qui jouaient aux cartes, aux échecs, au backgammon et lançaient des dés. Une fois leurs parties achevées, ils se penchaient en arrière et fumaient des pipes à eau appelées narguilés.

Ils aspiraient la fumée de longs tuyaux reliés à des flacons de verre remplis de bulles posés par terre devant eux. Décorées de fils d'or, rouges, jaunes et verts, ces pipes étaient perlées comme des habits de fête. Mes frères et moi plongions des pailles dans des tasses d'eau pour faire mine de fumer des narguilés. Mais Père nous grondait. Jamais il ne nous autoriserait à fumer.

L'épicerie attenante au café débordait tant de produits que personne ne pouvait y pénétrer. Des caisses de lentilles, pois chiches, riz, haricots et aliments séchés en obstruaient l'entrée. Les clients restaient dehors et demandaient ce dont ils avaient besoin. Deux plaques de cuivre servaient de balance. Des bouts de fer équivalant à un kilogramme ou à cinq cents grammes placés sur l'un des plateaux indiquaient le poids de la nourriture posée sur l'autre.

Nous achetâmes de la farine dans ce magasin. Mais lorsque nous ouvrîmes le sac, une souris grise s'en échappa. Le marchand nous dit qu'il ne pouvait garantir l'absence des petits rongeurs. Nous conservâmes la farine.

Tôt le matin, Mère préparait la pâte à pain. Elle tamisait la farine, la mélangeait à de l'eau, du sel et de la levure, avant de pétrir le tout vigoureusement. Nous enfoncions nos doigts dans la pâte qui reposait afin d'y dessiner des têtes. Ensuite, Père portait les miches plates à cuire dans le four collectif. Mais le pain qu'il rapportait chez nous ne présentait aucun des visages que nous avions tracés. Je me demandais ce qui leur était arrivé.

Tous les jours, nous mangions des lentilles, l'unique repas à notre portée. Mes frères et moi détestions cela. Immobiles dans nos assiettes en aluminium, elles nous faisaient penser à des yeux de souris. Nous aurions tant aimé qu'elles déguerpissent, comme celle du sac de farine.

Mère nous mettait en garde contre les maladies qui touchaient les enfants qui ne mangeaient pas leurs lentilles et contre les fantômes qui les traquaient dans leur sommeil. Pourtant, nous préférions affronter les fantômes plutôt que d'avaler nos légumes secs. Alors Mère nous forçait à ouvrir grand la bouche, qu'elle remplissait ensuite. Cela avait goût de médicament et nous donnait envie de vomir. Mais si cela arrivait, Mère nous frappait pour avoir gaspillé la seule nourriture que nous avions et pour avoir sali nos habits.

En général, Mère lavait nos vêtements le vendredi, jour de repos de Père, qui pouvait alors nous conduire en voiture à un ruisseau, véritable lieu de rencontre. Mes frères et moi nous installions à l'arrière du pick-up, où nous pouvions crier au vent et rire comme des fous. Nous hurlions à tue-tête toutes les expressions impolies que Mère nous interdisait de prononcer. Puis nous inventions des chansons dans lesquelles nous répétions sans cesse les mots proscrits, jusqu'à ce que nous ayons atteint le ruisseau.

Là, Mère fit la connaissance d'autres femmes. Accroupies ou agenouillées, elles frottaient leurs gros tas de linge à l'aide de pierres. Elles allumaient ensuite des feux. Dans de grands baquets en fer, elles faisaient bouillir les vêtements blancs avec une lessive appelée Nileh, parce qu'elle donnait à l'eau la couleur bleue d'Al-Nil, le Nil. Les bulles des bassines rivalisaient avec celles des pipes à eau que fumaient les hommes au café.

Pendant que les femmes faisaient la lessive, les hommes chassaient les porcs-épics autour du point d'eau, dans l'espoir de fournir à leurs familles le repas du jour. Mes frères jouaient aux billes ou couraient après un ballon de football. Moi, je faisais la course contre des enfants de mon âge, mais je regardais surtout mes frères.

Il nous était interdit de nous approcher du ruisseau. Un mois auparavant, un garçon s'y était noyé.

Le courant l'avait happé, avait emporté son corps très loin, avant de l'abandonner sur une rive en aval.

Le récit de ce drame s'achevait toujours par cet avertissement: « Il y a deux choses dont on devrait toujours se méfier: l'eau et les serpents. » Le ruisseau, lui, semblait onduler tel un serpent d'eau. L'eau était-elle un animal ? Était-elle vivante ? Elle courait beaucoup plus vite que moi. C'était une énigme qui m'effrayait et me passionnait à la fois. Je l'aimais et j'étais impatiente de la retrouver chaque semaine. Pourtant, subitement, nos visites hebdomadaires au ruisseau s'arrêtèrent.

Un vendredi matin comme les autres, pensant que personne ne le regardait, un très jeune homme prit Basel par la main et l'emmena plus loin. Quand je levai les yeux, je les vis marcher vers la route.

Je secouai l'épaule de Mère.

– Yamma, quelqu'un est en train de voler Basel, dis-je, le doigt tendu dans la direction où les deux garçons étaient sur le point de disparaître.

Mère cria et une foule courut à la rescousse de mon frère.

Zazi était connu pour faire du mal aux plus jeunes. Son père le battit devant tout le monde, lui cracha au visage et implora le pardon de mon père.

Après cet incident, mes parents décidèrent de nous laisser à la maison quand ils partaient laver le linge. Ils emmenaient ma petite sœur Maha et nous enfermaient à clé, mes frères et moi. Nous observions le monde de notre fenêtre, terriblement nostalgiques des seuls plaisirs que nous avions possédés : courir en toute liberté, être dehors et nous perdre dans des jeux qui nous faisaient brièvement oublier la guerre, la peur, et même les lentilles.

Pour nous réconforter, Père rapportait un tonneau d'eau supplémentaire. Mère y mélangeait du savon pour produire des bulles. Puis elle le renversait par terre, nous déshabillait et nous laissait jouer tout nus pendant des heures. Nous nous jetions sur le carrelage et, glissant à toute allure, allions heurter les murs. Moi, j'aurais souhaité passer à travers, pour retourner dans notre maison de Ramallah.

Pâtisseries

Maha tomba malade. Elle gémissait et refusait de prendre le sein ou de dormir. Mère décida de l'emmener chez Um Ahmad, une voisine qui lui donnerait des remèdes à base de plantes. Um Ahmad se souvenait des affections et de leurs traitements de la même manière que l'on se souvient des noms de ses amis et des membres de sa famille.

Emmaillotant ma sœur dans ses bras, Mère nous autorisa à jouer devant chez nous. Comme toujours, malgré mon jeune âge, elle me donna pour consigne de surveiller mes frères et de courir la chercher en cas de problème.

Assise sur le pas de la porte, je pensais à l'Alif, qui avait disparu avec le dernier morceau de craie. Comme moi, il déménage d'une maison à l'autre, songeai-je. L'Alif et la poussière blanche qu'il perdait – ainsi qu'un animal domestique perd ses poils – chaque fois que je passais ma main sur lui me manquaient. Dans ces moments-là, Souma l'ânon me manquait aussi. Je sentais que je ne le reverrais jamais. Mais l'Alif ? Au plus profond de mon cœur, je savais qu'un jour, j'irais à l'école, je trouverais un tableau, tiendrais un bâton de craie entre mes doigts et me remettrais à le dessiner. Il se réveillerait, bâillerait, bondirait vers moi, vivrait de nouveau dans ma poche et m'aiderait à faire toutes sortes de choses.

Les cris de ma sœur en provenance de la maison d'Um Ahmad interrompirent mes rêveries. Mais je ne pouvais rien faire pour elle. Je m'occupai alors à étudier les ombres par terre, les coins des bâtiments, et comment, tandis que les gens traversaient la cour, leurs silhouettes dessinées sur le sol imitaient chacun de leurs mouvements, à l'instar des petits enfants qui imitaient les plus grands.

Je constatai que ces zones sombres étaient des mélanges de couleurs – le bleu, le violet, le gris et peut-être un rouge à peine visible qui ressortait à la fin de la journée, pour donner à la nuit son obscurité. Je suivais les ombres de mes frères, qui marchaient toujours bras dessus bras dessous. Puis apparut celle d'une charrette à bras en bois.

L'homme qui la poussait venait juste de retirer du four de la boulangerie un grand plateau de pâtisseries chaudes. L'arôme du sirop sucré nappant les gâteaux emplit l'air. Une faim soudaine me donna le vertige ; mes frères et moi traversâmes la cour en échangeant des regards explicites. Cela faisait bien longtemps que nous n'avions mangé de pâtisseries.

– *Basbousseh* cuits et dorés à la perfection ! claironna le vendeur.

J'adorais les *basbousseh*. Avant la guerre, Mère confectionnait cette friandise en mélangeant de la semoule, du yaourt et du sucre. Elle saupoudrait la préparation d'amandes effilées avant de la mettre au four. Une fois qu'elle était cuite, elle la recouvrait de sirop.

– Offrez des douceurs à votre bouche, nous exhorta le marchand.

Je soupirai. Ma poitrine se souleva, mes yeux s'enfoncèrent telles des cuillères dans les pâtisseries. Mais je fourrai mes mains dans mes poches et domptai ma faim. De l'autre côté de la cour, Basel et Muhammad avaient eux aussi les mains enfouies dans leurs poches. Il me sembla que nous ressentions les mêmes choses, comme si nous ne formions qu'une seule personne.

Une femme cria qu'elle désirait des pâtisseries. Se penchant par la fenêtre, elle jeta par terre des pièces enveloppées dans un bout de tissu. L'homme saisit l'argent et s'empressa d'aller livrer sa cliente.

À ce moment-là, mes frères se ruèrent sur la carriole à une vitesse stupéfiante, attrapèrent ses grandes poignées, plaquèrent leurs corps dessus et la roulèrent vers notre maison. J'observai la scène, médusée. La voiture était deux fois plus grande qu'eux. À la seconde où ils atteignirent la porte, je m'élançai pour la leur tenir grande ouverte. Ils firent glisser le plateau de la charrette, le transportèrent au centre de notre pièce, et verrouillèrent la porte derrière eux.

Sans même savourer, mâcher ou prononcer un seul mot, nous mangeâmes les gâteaux les uns après les autres, nous arrêtant juste pour reprendre haleine, jusqu'à vider complètement le plateau, nos doigts collants écartés anxieusement sur le métal. Nous nous adossâmes ensuite au mur, le ventre ballonné, et attendîmes l'inconnu.

Des poings martelèrent la porte, mais nous étions ailleurs, en pleine extase. Le vendeur menaça de forcer l'entrée. D'un bond, nous nous rapprochâmes les uns des autres. De nouvelles voix se mêlèrent à celle du marchand. Nous entendîmes Mère et Um Ahmad.

– Je protégerai cette porte avec mon corps, hurla Mère.

Les cris de ma sœur retentirent comme une sirène parmi le vacarme.

– Ouvrez la porte !

Les gens braillaient de toutes parts. Des mains s'accrochaient aux barres des fenêtres.

– Ne mangez pas plus d'une pâtisserie. Ouvrez la porte, supplia Mère d'une voix aussi grasse que nos mains.

– Ouvrez ! s'égosillaient des hommes.

Ils me faisaient peur. Je voulais mon père.

C'est alors que la voix du propriétaire de notre logement s'éleva au-dessus du brouhaha.

– J'ai une clé, tonna-t-il.

Nous dissimulâmes le plateau derrière nous tandis que la porte s'ouvrait à la volée et, sous le choc, nous vîmes le vendeur entrer en chancelant, ivre de colère. Il souhaitait voir combien il restait de pâtisseries. Apercevant le plateau vide, il chercha des yeux un autre récipient dans lequel nous l'aurions vidé. Lorsqu'il comprit que nous avions absolument tout avalé, il trépigna comme un taureau. Il fonça sur nous en grognant qu'il allait nous dévorer vivants, exactement comme nous avions dévoré ses gâteaux.

La foule le retint. Quelqu'un lui rappela que nous étions des réfugiés affamés, il fallait avoir pitié de nous.

– Dieu vous le rendra, assura une autre personne.

Le marchand se couvrit le visage de ses mains et gémit que ses propres enfants avaient le ventre vide.

– *Allah Be'awwed*, répéta tout le monde en voulant le consoler – « Allah vous le rendra ».

Les commerçants fouillèrent leurs poches. Ils donnèrent l'équivalent du prix de douze pâtisseries.

– Vous me devez toujours la totalité du plateau, dit l'homme à Mère, avant de sortir en furie.

Après avoir remercié les gens et refermé la porte derrière elle, Mère passa de l'inquiétude à une colère folle.

– Où allons-nous trouver l'argent ? explosa-t-elle. Où ?

Elle nous pinça si fort que j'eus l'impression d'avoir la peau cousue de douloureux boutons, et elle me tordit les oreilles jusqu'à ce qu'elles se transforment en braises brûlantes.

Quand mon père rentra, il se mit à nous frapper à son tour.

– Nous ne sommes que des invités en Jordanie, brailla-t-il. Un invité ne vole pas. On nous jettera à la rue si vous vous comportez encore une fois comme ça.

Ses coups de ceinture laissèrent de longues marques foncées sur nos dos. Nous baptisâmes ces ecchymoses rayées *shawarea*, « rues ». Des jours durant, arpentant ces rues, notre douleur nous picota comme des colonnes de fourmis en perpétuel mouvement.

Mes parents nous imposèrent un couvre-feu rigoureux. Nous avions l'interdiction de mettre le pied dehors.

– Pendant trois mois, décréta mon père, bouillant de rage.

Mais Mère ramena la punition à un mois, lui rappelant que ce n'était pas lui qui devait rester dans la maison toute la journée avec nous.

Nous voulûmes embrasser Mère, qui nous repoussa d'une chiquenaude.

Notre condamnation fut toutefois oubliée lorsque les minuscules personnes qui vivaient, croyais-je, à l'intérieur du poste de radio, lurent une liste des noms des familles autorisées à rentrer à Ramallah. Le nôtre fut cité.

– Vous avez entendu ça ? cria Mère, courant vers le poste pour augmenter le volume.

L'information ne nous avait pas échappé. Nous accompagnâmes le bonheur de notre mère en dansant et en applaudissant. Notre nom fut répété dans l'heure. Ce soir-là, une fois Père rentré, nous mangeâmes nos lentilles en vitesse. La clé de notre maison de Ramallah pendillait sur la poitrine de Mère, en rythme avec ses rires.

Nos voisins nous dirent adieu, les yeux remplis de larmes et d'inquiétude à notre sujet. Mais nous ne nous attardâmes pas sur les éventuels dangers à venir. Après avoir vécu pendant deux semaines dans un refuge, un mois dans la cuisine de Hamameh, un autre mois dans une salle de classe, puis deux à Marka, ce qui primait, c'était notre désir irrépressible de nous retrouver chez nous.

Le vendeur de pâtisseries aussi vint nous trouver. Il nous pardonnait.

– Nous avons perdu la Palestine, dit-il. Les gâteaux ne sont rien.

Puis il écarta grand les bras, comme pour éparpiller toute miette de la rancune qu'il avait ressentie à notre égard.

Retour

Nous rejoignîmes en voiture le pont qui marquait la séparation entre les rives est et ouest du Jourdain. De l'autre côté, les collines et les vallées dessinaient des courbes qui rappelaient les girons de mille mères. Ma tête était pleine d'images de Ramallah. Et je voulais savoir – Ramallah seraitelle la même ? Aurions-nous réellement le droit d'y retourner ?

Nous avions entendu dire que certains hommes étaient priés de faire demi-tour une fois parvenus au pont. Les femmes et les enfants étant autorisés à le franchir, des familles étaient ainsi disloquées. Quand nous arrivâmes sur place, des masses de réfugiés patientaient en attendant de connaître leur sort. Mon père se rendit dans la zone des hommes. Des travailleurs de la Croix-Rouge internationale nous donnèrent des couvertures, des boîtes de mortadelle et de sardines. Ces petits poissons morts donnaient l'impression d'être sans défense, d'attendre quelque chose, exactement comme nous.

Mes frères et moi étions trop inquiets pour manger. Pendant notre attente qui dura deux jours, nous regardions constamment dans la direction où notre père avait disparu. Nous refusions même les grandes barres de chocolat qu'une travailleuse de la Croix-Rouge nous tendait en cachette après que Mère lui eut dit que nous n'avions rien avalé depuis notre arrivée.

Les heures s'agglutinaient, pareilles aux mouches qui bourdonnaient dans le camp. Puis quelqu'un lut d'une voix très forte une liste de noms qui incluait le nôtre.

– Et déchaussez-vous, car toutes les chaussures doivent être inspectées, ajouta la voix.

Pieds nus et tremblante, je restai près de Mère. Au bout d'un long moment, un homme rapporta une gigantesque charrette contenant les chaussures pêle-mêle et les lança vers nous. Chacun plongea dans le tas. Je me jetai sur les miennes et me hâtai de les remettre. Quand il n'y eut plus de chaussures, le moment arriva enfin pour nous de traverser le pont. Ensemble, ma mère, mes frères, ma sœur et moi passâmes de l'autre côté.

On nous avait dit de ne pas attendre mon père parce que cela prendrait plus de temps d'interroger les hommes. Pour moi, il n'était pas question de partir sans lui. Mais nous n'avions plus le droit de revenir sur nos pas. Je craignais qu'il ne reste en Jordanie. Je questionnai Mère en tirant sur son vêtement. Elle n'en savait pas plus que moi.

De l'autre côté du pont, les travailleurs de la Croix-Rouge, coiffés de casques blancs aussi lisses que de la porcelaine et barrés de lignes rouges, ressemblaient à des policiers. Ils nous offrirent des bonbons et nous accueillirent en nous souhaitant la bienvenue. Nous passâmes devant eux en silence, le regard fixé sur les personnes plus âgées qui nous précédaient et qui, agenouillées, embrassaient le sol comme si c'était la joue d'un être aimé. Nous nous dirigeâmes là où des files d'autocars nous attendaient dans des nuages de poussière et de fumée.

Les chauffeurs criaient les noms des villes de destination. Lorsque nous entendîmes « Jérusalem-Ramallah », mes frères et moi nous précipitâmes dans le car. Nous nous ruâmes sur la banquette arrière et collâmes nos visages contre la vitre, dans l'espoir d'apercevoir notre père. Mais nous ne distinguions plus l'autre côté du pont. Maintenant nous nous trouvions dans un pays, notre père dans un autre.

Le trajet sembla long, et le ventre du vieil autocar gronda et toussa sur les routes sinueuses, jusqu'à Jérusalem. Nous prîmes ensuite un deuxième car pour Ramallah. Un troisième nous emmena en bordure de la route de gravier où, chaque jour, j'avais attendu mon père qui rentrait du travail.

Nous allions enfin connaître la réponse à cette redoutable question : notre maison avait-elle été détruite ? Au début, nous n'osions pas nous approcher. Puis, après avoir dit la prière des désespérés et demandé à Dieu qu'Il fût gentil avec nos espoirs – « *Ya rabb !* » –, nous courûmes affronter la réalité. Là, baignée dans le soleil couchant d'octobre, se tenait notre maison. Toujours debout.

Nous laissâmes tout tomber et gravîmes la colline à toute vitesse. Notre soulagement et notre joie nous poussèrent à toucher notre maison, à embrasser ses pierres, à ouvrir grand les bras et à presser nos poitrines et nos joues contre elle. Nous étions chez nous.

Dans la cour de devant, près du regard où nous nous étions cachés le tout premier jour de la guerre, Mère ramassa une grosse balle, l'une de celles qu'elle avait cru lui être destinées. Et sur le seuil de la porte verte, je trouvai la chaussure que je n'avais pas été capable de mettre. Elle était restée là, à m'attendre, pendant quatre mois et treize jours.

Nous fîmes le tour de la maison. En grande partie desséché, notre jardin n'avait pas survécu à l'été. Seule la menthe, *na'na'*, y poussait encore. Les oiseaux avaient transformé les tomates en coquillages. Les fourmis circulaient à travers les aubergines. Des fissures zébraient la terre sèche. La pièce sans toit que Père avait construite pour stocker l'eau était à l'air libre, sa feuille de zinc gisant à terre ainsi que l'échelle. La réserve d'eau était presque entièrement épuisée, le peu qui en restait étant recouvert de saletés.

Les volets et la fenêtre de devant étaient ouverts. À l'intérieur, le calme régnait. Un oiseau s'échappa en voletant à travers les barres de fer. Les serpents et les scorpions avaient-ils eux aussi fait leurs nids dans nos affaires ?

Balbutiant le nom de Dieu, Mère s'approcha de la porte en fer verte, dont les deux pans étaient scellés en son centre par un gros verrou. Elle y inséra la clé, la poussa. Mais celle-ci ne bougea pas, et Mère ne put la retirer. La clé était coincée.

– La serrure a besoin d'être huilée, marmonna-t-elle.

Où trouver de l'huile ?

Notre maison était située au sommet d'une colline. Trois de ses versants étaient inhabités. Sur le quatrième vivaient les Mahasreh, des familles de la même souche qui avaient emménagé à Ramallah lors de la prise de leur ville, Beit Mahsir, durant la guerre de 1948. Elles se montraient très distantes et restaient entre elles.

L'habitation des Mahasreh la plus proche se trouvait à huit cents mètres. D'où nous étions, les autres étaient invisibles parce qu'elles s'alignaient sur une partie de la route qui reliait la nôtre à l'axe Ramallah-Naplouse. Lorsque nous l'empruntions, nous faisions toujours des allers-retours à travers le secteur des Mahasreh, ce qui les embêtait. Ils nous accusaient de voler des cerises, du raisin ou des figues dans les arbres et les vignes qui poussaient dans leurs cours. Nous avions peur de leur demander le moindre service. Mais ce soir, ils représentaient notre seul espoir.

Ils ne nous dirent pas qu'ils étaient heureux de nous revoir, mais ils nous donnèrent tout de même une capsule pleine d'huile d'olive. Mère leur en fut reconnaissante.

Elle versa l'huile sur la clé et attendit que le liquide se répande lentement à l'intérieur du verrou. Puis elle tenta de tourner la clé, avec succès cette fois. Elle poussa vivement les deux pans de la porte, lesquels s'écartèrent brusquement tels des bras accueillants.

Les choses semblaient être exactement comme nous les avions laissées. À droite, la machine à coudre marron était toujours nichée dans un coin, le lit vert dans un autre. Le tapis de paille rouge et jaune était disposé au centre de la pièce, et le placard en Formica couleur miel divisait l'espace en un salon et une cuisine. Mais quand Mère souleva le thermos bleu ciel de la table de la cuisine, elle eut le souffle coupé. Elle montra un trou qu'une balle avait percé dans sa base. Il était si large que je pouvais y enfoncer mon doigt.

– On a tiré de la fenêtre, déduisit Mère.

Soudain, notre maison ne nous parut plus un endroit sûr.

Mère tenait énormément au thermos. Elle l'avait acheté avec l'argent gagné grâce à des mois de travaux de couture. Il lui avait permis d'économiser le pétrole en maintenant l'eau chaude ; ainsi elle n'était pas obligée d'en faire bouillir chaque fois qu'elle désirait en mélanger à du lait en poudre. La balle avait transpercé la bouteille avant d'aller se loger dans le mur de la cuisine.

Mère sortit, le thermos à la main. Nous bondîmes derrière elle et la regardâmes le remplir d'eau sale. L'isolant de verre avait-il été endommagé ? Nous retenions notre souffle. Mais le thermos ne fuyait pas. Il gardait le liquide comme un cœur garde un secret. Nous applaudîmes. Et Mère sourit.

Quelques instants plus tard, nous trouvâmes une autre balle, incrustée dans le métal de la tête du seul lit de la pièce. Le moindre mouvement la faisait crépiter bruyamment. Chaque soir, avant la guerre, mes frères et moi nous étions disputés pour dormir dans ce lit. Nous étions convenus d'un roulement. Nous avions maintenant oublié à qui ce privilège était revenu le jour de notre départ. Cependant, à partir de ce soir-là, nous sortîmes le matelas du cadre du lit. L'alternance n'avait plus cours ; nous dormirions par terre.

Fouillant la pièce à la recherche d'autres munitions, nous nous rendîmes compte que nous n'avions pas d'allumettes pour allumer la lampe à pétrole ou le poêle à trois pieds. L'obscurité s'installa rapidement. Nous ne pouvions envisager de demander une nouvelle fois de l'aide à nos voisins. Mère nous fit donc asseoir tranquillement. Durant cette longue nuit, j'écoutai le bruit de ses pas anxieux sur le carrelage tandis qu'elle allait et venait entre la porte et la fenêtre.

Lorsque le soleil se leva, le lendemain, mes frères et moi partîmes à la recherche d'allumettes dans la cour, sur les versants de la colline et sur la route. Mère implora Allah de guider nos pas. Les balles intactes ne manquaient pas et les cartouches vides remplirent nos poches. Sous les cailloux, des scorpions dressaient leur queue tressée gorgée de venin. Après avoir labouré la terre de nos doigts et de nos yeux, nous cherchâmes des emplacements d'anciens feux, sans résultat.

Un souvenir nous revint alors : un jour, notre père nous avait dit qu'il était capable d'allumer un feu en frottant deux silex l'un contre l'autre. Ici, les silex abondaient, ronds et lisses telles des boules de pâte. Basel en brisa un en deux. Violet, le cœur de la pierre chatoyait comme un minuscule morceau de ciel étoilé. Mon frère reproduisit le geste de mon père, mais il n'obtint aucune étincelle.

Nous ne voulions pas rentrer bredouilles. Nous espérions que Dieu nous guiderait puisque Mère le Lui avait demandé, et parce que nous avions besoin de Son aide. Lorsque le soleil se coucha, se glissant sous le mince drap de l'horizon, nous poursuivions toujours nos recherches.

La possibilité de trouver une allumette nous semblait maintenant aussi lointaine que le ciel au-dessus de nos têtes. Nous retournâmes vers la maison en silence, traînant les pieds. *Dieu était-il mécontent de nous ?* Mais tout à coup, notre prière fut semble-t-il exaucée. Des bruits de pas, venus de loin, se rapprochaient. Une silhouette indistincte marchait sur la route de gravier. C'était Père.

Il nous rapportait à manger, une grande bouteille d'eau, de pleines poches de graines de melon pour nous gâter – et des allumettes. Ce fut à qui lui montrerait en premier les impacts de balles dans le thermos et le lit.

– Les soldats ont dû ratisser la ville maison par maison, dit-il en secouant la tête.

Après un repas en la présence sécurisante de notre père, si longtemps attendu, et quelques tours de la pièce effectués sur son dos, nous nous allongeâmes tous sur les matelas comme des allumettes, nos rires se propageant entre nous tel le feu dans la forêt.

Avec de l'argent qu'il avait emprunté, Père acheta davantage de nourriture, dont une énorme boîte de lait en poudre Nido Nestlé, que Mère s'efforçait de tenir à distance de nos mains affamées. Mes frères et moi tentions en permanence de l'attraper pour en déguster la poudre sucrée au goût de bonbon.

En peu de temps, mes parents nettoyèrent le local servant au stockage de l'eau. Ensuite, un camion-citerne de la taille d'un éléphant descendit, en bringuebalant, l'étroite route de gravier et se gara près de notre maison. À l'aide d'un gigantesque tuyau, un homme remplit le réservoir. Nous avions maintenant assez d'eau pour tenir jusqu'en décembre, à l'arrivée des pluies.

Père trouva un travail de chauffeur de camion pour le ministère des Travaux publics. Il aidait à réparer les routes détruites par la guerre et à en construire de nouvelles. Mère nous laissait jouer dehors à condition que nous restions à portée de sa voix. J'allais de nouveau attendre mon père, à la fin de la journée. Après le dîner, je me tordais les mains de délice et d'épouvante tandis qu'il nous racontait ses histoires préférées de trésors enfouis, et qu'il nous transportait dans des périples interminables et passionnants. Notre famille parut vite retrouver sa vie d'avant. Et à présent que Basel et Muhammad avaient décidé que j'étais assez grande pour jouer avec eux, j'étais plus heureuse que jamais.

Pour fêter leur liberté reconquise, mes frères désirèrent fabriquer un cerf-volant. Ce n'était pas le vent de novembre qui les en empêcherait. Basel et Muhammad avaient appris comment faire auprès des garçons Mahasreh, avant qu'ils ne cessent de nous parler. Ils demandèrent à notre père des tiges de roseaux qui serviraient de squelette à leur engin. Notre père refusa car il craignait que le cerf-volant ne devienne un sujet de discorde avec les Mahasreh, s'il s'accrochait dans leurs arbres. Mais mes frères l'implorèrent tant et tant, avec la promesse qu'ils ne causeraient aucun ennui, que Père finit par rapporter des roseaux qu'il nous coupa en minces baguettes.

Ensuite, Basel et Muhammad voulurent de la pâte, en guise de colle. Mère leur donna en plus des morceaux de tissu déchirés, accessoire idéal pour constituer une queue de cerf-volant.

Après avoir mesuré les baguettes, s'assurant qu'elles étaient toutes de la même longueur, mes frères les attachèrent à l'aide d'un fil, dans le but de former une étoile à huit branches dotée d'un centre parfait. Ils collèrent celle-ci sur du papier marron à l'aide de la pâte, fixèrent des serpentins faisant office de tendeurs, et ajoutèrent la queue. Le lancement était prévu pour le lendemain matin.

Le jour suivant, la pelote de ficelle à la main, Basel dirigea l'engin de droite et de gauche, de la même façon que mon père dirigeait son camion. Muhammad s'élança avec le jouet, avant de le laisser flotter au vent. Il zigzagua et s'éleva rapidement dans le ciel. Nous nous mîmes tous les trois à courir, criant des encouragements afin qu'il aille encore plus haut. Ce qu'il fit.

À la fin, mes frères me permirent de tenir la corde pendant un moment. L'objet qui monta en flèche vers les nuages était plus lourd que je ne l'avais imaginé. Plus fort que moi, il me poussa en avant. Mais je ne lâchai pas prise. C'était une nouvelle sensation merveilleuse. Je m'enivrai de montrer à mes frères qu'ils avaient eu raison de bien vouloir m'associer à leurs jeux. En tenant cette ficelle, j'avais l'impression de posséder un morceau de ciel.

Je rendis le fil à Basel et continuai à regarder au-dessus de moi. La tête renversée, la bouche grande ouverte, les yeux dansant au rythme des vacillements du cerf-volant, nous étions envoûtés. Mais tout à coup, le sol parut trembler sous nos pieds et un étrange bruit, à la fois lointain et sonore, se fit entendre. On aurait dit que quelqu'un cognait de l'intérieur de la Terre.

– *Hazzah ardeyyah !* s'écria Basel – « un tremblement de terre ! ».

Pourtant, rien d'anormal ne se produisit sous nos pieds. L'explication nous apparut quand nous levâmes la tête.

De la bouche de la route émergea une longue file de soldats israéliens. Ils avançaient deux par deux, d'un pas lourd et bruyant, épaule contre épaule, chantant à pleins poumons. Ils portaient des fusils.

Où se rendaient-ils ? Il n'y avait pas d'autre maison que la nôtre sur cette voie. Venaient-ils nous chercher ?

Basel lâcha le cerf-volant – il l'offrit au vent –, et nous nous précipitâmes chez nous.

– Cachez-vous ! cria Mère.

Nous poussâmes notre placard en Formica contre la porte et nous y appuyâmes tandis que le bruit se rapprochait de plus en plus, jusqu'à nous encercler, engloutissant notre maison.

Lorsque nous jetâmes des coups d'œil furtifs par la fenêtre, toute la longueur de la route n'était qu'une masse confuse de kaki, qu'infiltraient seulement le blanc et le bleu du drapeau israélien. Nous voyions maintenant les soldats, et nous savions que si l'un d'entre eux tournait la tête, il nous verrait lui aussi. Mais aucun soldat ne regarda vers nous. Ils marchaient tous dans la même direction, pareils à un immense dragon, des centaines de têtes couvertes de casques kaki ressemblant à des demi-pastèques, fixés sous des centaines de mentons, et des centaines de pieds martelant le sol, chaussés de hautes bottes de cuir.

Atteignant la colline, les soldats se dispersèrent. Le visage collé à notre fenêtre, nous ne perdions pas une miette du spectacle qu'ils nous offraient. Ils creusaient des tranchées, s'y cachaient, arrachaient des buissons épineux verts par les racines, les mettaient sur leurs casques, levaient la tête, tiraient en l'air, se cachaient de nouveau. Une balle frôla notre maison ; elle siffla en ricochant sur une pierre. Des Land Rover soulevaient des nuages de poussière pendant qu'un hélicoptère planait au-dessus des soldats.

Les combats avaient-ils repris ? Je mis mes chaussures et les laçai en serrant bien. Je venais juste d'avoir quatre ans, et je n'avais besoin de personne pour me dire que faire quand j'entendais les bruits de la guerre.

Jérusalem

Durant trois semaines, il nous fut impossible de sortir de chez nous. Les soldats arrivaient sur la colline le matin et repartaient en fin d'après-midi. Ils disposaient des silhouettes en carton sur lesquelles ils s'entraînaient à tirer pendant des heures. Les bruits des balles emplissaient ma tête. Je les entendais longtemps après le départ des soldats. Y compris dans mon sommeil.

Mère se lamentait : vivre jour et nuit avec nous dans une pièce minuscule lui donnait des cheveux gris, alors qu'elle n'avait que vingt-quatre ans.

– Des cheveux gris ? Où ça ? demandâmes-nous.

Notre curiosité la rendit furieuse.

Mais c'était notre père, âgé de quarante-quatre ans, qui grisonnait vraiment ; il avait même quelques cheveux blancs.

Selon Père, les cheveux blancs étaient synonymes de sagesse. C'était d'ailleurs grâce aux siens qu'il connaissait beaucoup de choses, comme par exemple la signification des activités des soldats israéliens aux alentours de notre maison. Il appelait cela *munawarat*, l'entraînement au combat. Les soldats étaient en train de conquérir le territoire, et en s'appropriant la colline, ils amélioraient leurs techniques.

Mais cela était égal à Mère. Elle perdait souvent patience, et allait même jusqu'à nous frapper si nous nous approchions des fenêtres. Terrorisée par les balles perdues, elle se plaignait tant de ces ouvertures que je ne savais plus si c'était bien ou non qu'une maison en possède.

Elle tenta aussi de nous empêcher de jouer à la guerre. Mais nous aimions nos guerres factices. Nous imitions les soldats, en braquant sur les uns et les autres nos doigts, des bananes, des cuillères, ou des chaussons, et simulions les bruits des coups de feu. Feignant d'être blessés, nous chancelions avant de nous écrouler sur le dos. L'espace d'un instant, nous faisions semblant d'être morts, puis nous nous relevions et reprenions nos bruits de tirs.

Mère semblait moins furieuse contre les soldats – qui tiraient des balles réelles – que contre nous ! Elle pleurait devant nos réponses insolentes et quand nous exigions un endroit dehors pour jouer. Elle pleurait lorsqu'elle donnait le sein à Maha, nous déshabillait et cuisinait nos repas. Chaque fois que je lui demandais pourquoi elle pleurait, elle me répondait que c'était à cause des oignons. Même quand il n'y en avait aucun chez nous.

Maintes fois, elle m'avait dit qu'à force de pleurer, on devenait aveugle. Était-ce son souhait, afin de ne plus voir le monde par notre fenêtre ? Elle avait l'air si anxieuse et si triste ! Alors, au début du mois de décembre, elle décida qu'elle ne voulait plus vivre dans une maison qui s'était transformée en prison.

– J'irai n'importe où, pourvu que ce soit loin d'ici, déclara-t-elle à Père.

Celui-ci se fâcha. Ils discutèrent pendant des heures, jusqu'au moment où elle annonça son désir de nous emmener dans l'orphelinat de Dar El-Tifl à Jérusalem.

– Un orphelinat ? se récria Père. Nos enfants ne sont pas des orphelins !

– Mais tu ne peux pas les protéger, rétorqua Mère.

Père donna de grands coups sur le mur.

– Ce ne sont pas des orphelins ! Ce ne sont pas des orphelins ! répéta-t-il, tandis que nous commencions à rassembler nos affaires.

Je n'avais pas envie de partir. Je voulais voir mon père chaque jour et tenir sa grande main dès que j'en avais l'occasion. Sans lui, il n'y aurait pas de friandises, pas de petits tours sur son dos, pas de promenades en camion et pas d'histoires de trésors après le dîner.

Je refusai de dire qu'il était mort. Si l'on me questionnait à son sujet, je répondrais que j'ignorais où il était. « Demandez à Mère », dirais-je.

Avant de partir, je construisis une personne en pierre, une *qantara*, derrière notre maison, et j'expliquai à Papa qu'ainsi, chaque fois qu'il la verrait, il se rappellerait que je l'aimais.

À Dar El-Tifl, Mère regarda le directeur dans les yeux et affirma que Père était mort pendant la guerre. Ces paroles me rendirent malade. Mon père était devenu un secret.

Nous fûmes admis dans l'orphelinat. En échange, Mère habitait sur place, s'occupait des bébés et secondait le personnel dans son travail de nuit. La journée, elle suivait des cours ou étudiait seule. Le rêve de Mère était de continuer à s'instruire. Peu importait ce qu'elle apprenait.

L'hiver arriva, et le froid pénétrait ma chair en profondeur et s'infiltrait sous mes habits en loques. Le nez rouge, tous les enfants tremblaient, toussaient et réclamaient en pleurant un peu de chaleur. J'avais maintenant l'impression d'avoir perdu mes deux parents, car je voyais rarement ma mère.

Les nuits à l'orphelinat étaient longues et effrayantes. Les ombres des couvertures, des lits et des vêtements ressemblaient à des monstres. J'avais peur : le moindre mouvement risquait d'attirer leur attention. Toutes les nuits, je mouillais mon lit plutôt que de traverser les couloirs jaunes faiblement éclairés qui menaient aux toilettes. Cela me réchauffait pendant quelques instants mais je frissonnais ensuite jusqu'au lever du jour. Beaucoup d'enfants faisant comme moi, chaque matin, les chambres empestaient et les draps étaient empilés en montagnes dans la buanderie.

Nous avions trois petits repas par jour. Après avoir rapporté nos assiettes vides à la fenêtre de la cuisine, nous avions encore faim. Nous nous regardions alors en soupirant. Il n'y avait pas de rations supplémentaires, et rien à manger entre les repas, servis à heures fixes. Si nous en manquions un, nous n'avions plus qu'à remplir d'eau nos ventres qui grondaient. Je mangeais la nourriture que l'on me donnait, non par goût mais parce que nos instituteurs surveillaient tous nos gestes. Les falafels et le pain au sésame étaient une exception. Ce petit déjeuner hebdomadaire constituait presque un menu de fête. Je m'estimais surtout heureuse de ne pas être forcée de toujours manger des lentilles.

Mes frères furent placés avec les enfants de six et sept ans, ma sœur avec les bébés d'un an et ceux qui commençaient à marcher. Quant à moi, je fus intégrée à la section préscolaire avec les petits de quatre ans. Ma salle de classe possédait un tableau, sur le rebord duquel se trouvait un morceau de craie.

– L'Alif ! m'exclamai-je.

Je courus vers le tableau avec l'envie de saisir l'Alif, de le tenir, de l'emporter avec moi. Mais mon institutrice s'interposa, déclarant qu'elle seule pouvait se servir du bâtonnet blanc. Je suivis sa main, dans laquelle se balançait l'Alif. Une fois qu'elle eut terminé, elle le posa sur la table. Il roula par terre et se brisa en plusieurs morceaux.

Dans cette classe, je ne parlai pas avec l'Alif, mais je fis la connaissance de deux autres membres de sa famille, le Ba et le Ta. Ils vivaient avec lui. Moi aussi, j'aurais voulu vivre avec l'Alif, le Ba et le Ta, car j'étais seule et j'avais peur à Dar El-Tifl.

Le seul moment qui m'apportait du réconfort, c'était la demi-heure de récréation, lorsque je retrouvais mes frères. Quand retentissait la sonnerie et que les enfants se ruaient dehors, mes frères et moi nous rejoignions. J'avais envie de m'amuser avec eux, mais ils devaient jouer avec ceux de leurs classes.

Je passais la plupart de mon temps pliée en deux, à observer mes frères et la cour à l'envers. Poussant des cris d'excitation, certains enfants se suspendaient à deux barres parallèles. Je les imitais – même si j'étais trop petite pour m'accrocher à ces barres.

Les choses changèrent le jour où un garçon me donna un coup de poing dans la figure, me faisant saigner du nez. Il voulait se battre contre mes frères mais il savait qu'ils étaient plus forts que lui et qu'ils ne se séparaient jamais. Il préféra donc s'attaquer à moi. Voyant ce qui s'était passé, mes frères foncèrent vers lui, l'attrapèrent et le traînèrent devant moi.

Ils le rouèrent de coups de pied, lui tordirent les bras, le giflèrent et lui plaquèrent leurs mains sur la bouche. Ils me demandèrent de leur dire quand s'arrêter. Ils promirent de le frapper jusqu'à ce que je dise *khalas* – « ça suffit ». Quand je prononçai enfin ce mot, le garçon se rassit, en larmes. Lui aussi saignait du nez maintenant. Les instituteurs nous firent tous deux quitter la cour. Nous nous étendîmes côte à côte, nous pinçâmes le nez afin de stopper les saignements et nous respirâmes tant bien que mal.

Le week-end qui suivit cet incident, mes frères furent exclus de Dar El-Tifl sans aucun préavis, pour avoir frappé le garçon et s'être battus. Ils étaient très bagarreurs, et Mère était trop occupée pour garder un œil sur nous tous. Alors, par un matin de février, mes frères furent envoyés dans un orphelinat de garçons à Jéricho.

Horrifiée, je me mis à courir derrière la voiture qui les emmenait. Mais l'énorme portail se referma bruyamment devant moi. Je le martelai, en criant que je voulais partir avec mes frères.

J'allai ensuite trouver Maha qui, ayant tout juste appris à marcher, se dandinait comme un canard. Elle était trop petite pour que je parle avec elle, mais je me sentis mieux à ses côtés. Sa maîtresse me demanda cependant de retourner dans ma classe. Désormais, je n'avais plus qu'un seul compagnon : l'Alif.

Cette nuit-là, pendant que tout le monde dormait, je restai éveillée, paralysée par la peur et la tristesse. Les monstres de la nuit me semblaient encore plus grands. Mais, surmontant ma frayeur, je décidai de quitter mon lit. J'atteignis l'escalier sur la pointe des pieds et allai dans ma salle de classe.

Une lune ronde brillait à travers la fenêtre carrée, sa lumière jaune s'étalant comme un petit tapis sous mes pieds. Je me tenais dans le silence couleur citron en me demandant si la lune me dénoncerait. Je marchai vers le tableau et tapotai la craie.

– J'ai besoin de toi, l'Alif, murmurai-je.

Je lui expliquai ce qui était arrivé et combien j'étais malheureuse.

L'Alif et moi élaborâmes un plan. S'il réussissait, je retrouverais mes frères. Désobéissant à mon institutrice, j'enfonçai profondément l'Alif dans ma poche et retournai au lit.

Pendant la récréation, le lendemain, en regardant tout le monde jouer, j'imaginais que mes frères étaient avec moi. Après être restée un long moment à l'écart, je courus vers la classe, où l'Alif et moi exécutâmes la première étape de notre plan. Je déchirai tous les cahiers posés sur les bureaux. Puis je m'assis et j'attendis.

Ma maîtresse fut stupéfaite. Elle m'ordonna de me lever, et avec une baguette en bois, me frappa le dos des mains. Je crus que mes doigts allaient se casser. Je ne bougeai pas, gardai les mains ouvertes tandis que je pleurais. Elle me demanda de me tenir debout dans un coin et de lever les mains contre le mur. Par défi, je souris à la paroi comme mes frères m'avaient appris à le faire après les corrections que nous subissions chez nous. Selon eux, cela montrait qu'à l'intérieur, ils n'étaient jamais brisés, si grande que soit leur douleur.

Ensuite, chaque jour pendant une semaine, je trouvai quelque chose à mettre en pièces. Chaque jour, on me frappait. Pourtant, une dame souriante vint me voir et m'emmena dans la cour. Elle s'interrogea tout haut sur les raisons de mes agissements.

– Pourquoi se comporter comme un garçon indiscipliné ? me questionna-t-elle.

Je lui avouai que je souhaitais être exclue et envoyée là où se trouvaient Basel et Muhammad.

– Je veux mes frères ! explosai-je.

La femme me comprit.

– Si tu ne déchires rien pendant un mois, je prendrai des dispositions pour que tu puisses leur rendre visite à Jéricho, me promit-elle.

Je retrouvai donc mon calme et repris l'apprentissage de la suite de l'alphabet. J'appris aussi d'autres choses, notamment qu'il y a trente jours dans un mois. Je comptai chaque jour qui passait. En espérant que la dame tiendrait sa promesse.

Jéricho

Un mois s'écoula et la promesse fut tenue. Un matin, Mère nous habilla et nous coiffa, Maha et moi. Nous étions prêtes à partir. J'emportai des dessins que j'avais réalisés spécialement pour cette journée. Sur chacun, Basel, Muhammad et moi nous tenions la main.

Juste de l'autre côté du portail de l'orphelinat, une surprise m'attendait : Père ! Il avait retroussé les manches de sa chemise, comme s'il allait au travail. Pourtant, il était bien là pour nous emmener à Jéricho. Son sourire effaça les dernières traces de mon chagrin. Blottie dans ses bras, je regardais la rue, les voitures, les arbres et les gens, et je sus que je ne voulais plus jamais retourner à Dar El-Tifl.

À la station de taxis pour Jéricho, Père acheta une boîte de cubes de guimauve enrobés de chocolat. Il m'en offrit un, mais je préférais les garder tous pour mes frères. Après m'être installée sur le siège d'un taxi, je posai la boîte sur mes genoux, veillant dessus comme sur mes dessins.

– Si vous sentez de la pression dans vos tympans, ouvrez la bouche, nous recommanda le chauffeur.

– Jéricho se situe à deux cent cinquante mètres au-dessous du niveau de la mer, nous expliqua Père. Nous y serons dans une demi-heure.

Quand nous entrâmes dans Jéricho, j'eus vraiment l'impression de pénétrer dans un autre monde. Nous n'étions qu'au début du mois de mars, pourtant il faisait si chaud que la voiture était comme une bouilloire. En nage, nous mourions de chaleur. La portière en métal de la voiture était brûlante.

L'orphelinat de garçons, appelé Al-Bir Society, se situait en bordure du camp de réfugiés d'Aqabat Jaber. Mère nous précisa que c'était l'un des plus vastes camps de réfugiés palestiniens. De nombreux orphelins d'Al-Bir venaient de là. Elle le savait parce que la deuxième année de leur mariage, mon père et elle y avaient vécu. Muhammad était né dans ce camp, mais à la différence de nombreux autres réfugiés, mes parents avaient pu quitter Aqabat Jaber avant ma naissance.

– On peut mourir d'un coup de chaleur dans ce désert à tout moment, avertit Père.

Lorsque le taxi nous déposa devant le portail, il y avait du sable partout.

Les murs de l'orphelinat étaient plus hauts que ceux qui entouraient Dar El-Tifl. Ils servaient aussi bien à empêcher les inconnus d'entrer que les garçons de s'enfuir. Mon père frappa à la grande porte. Je tendais les bras bien droit, portant la boîte de bonbons où reposaient mes dessins.

Un gardien d'un certain âge ouvrit et nous fit signe d'entrer. Nous lui donnâmes les noms de mes frères. Père se fit passer pour leur oncle.

L'homme semblait heureux de nous voir, comme chaque fois que l'un des pensionnaires recevait de la visite, nous confia-t-il. Il partit appeler mes frères, qui dormaient. Nous étions arrivés pendant leur sieste obligatoire de l'après-midi.

J'attendis impatiemment près de la chaise du gardien, observant chacun de ses pas. Il traversa l'immense cour de récréation vide et ouvrit une porte au centre du bâtiment. Tout semblait endormi, anéanti par la chaleur.

Je regardai les dizaines de fenêtres et de portes de la façade, en me demandant si Basel et Muhammad se trouvaient réellement là. L'endroit était si calme. Puis, soudain, ils apparurent. Leurs cris de surprise et d'excitation auraient pu réveiller les morts. Alors qu'ils accouraient vers nous, je me précipitai à leur rencontre. Je voulais ainsi effacer les trente jours d'attente durant lesquels j'avais douté de jamais les revoir, les trente jours durant lesquels je m'étais sentie si seule sans eux.

Basel et Muhammad avaient la tête rasée. Ils avaient beaucoup maigri. Sans attendre nos questions, ils se mirent à tout nous raconter. Ils nous tiraient par la manche, par la main, ils voulaient que nous les écoutions avec tous les pores de notre peau. Je leur donnai les cubes de guimauve, que la chaleur de Jéricho avait fait fondre. Ils les engloutirent d'un coup, pour éviter que les autres garçons ne volent le reste de la boîte.

Je leur offris ensuite mes dessins ; ils les regardèrent avec le même appétit.

– C'est moi ! s'écria Muhammad, montrant du doigt un bonhomme avec des yeux verts.

Je fus très fière quand tout le monde confirma que les trois bonshommes qui se donnaient la main sur mes dessins ressemblaient à mes frères et à moi.

Basel et Muhammad avaient apporté des cadeaux, eux aussi. Ils me demandèrent de fermer les yeux et d'ouvrir les mains. Dans l'une, Muhammad déposa une bague qu'il avait trouvée dans la cour le jour de leur arrivée à Al-Bir. Elle était restée cachée dans sa poche depuis le début. Dans l'autre, Basel mit un penny, *ta'reefeh*, ramassé quelque part.

– Nous savions que vous viendriez nous voir, affirma Basel. Nous vous avons attendus chaque jour.

Mon cœur était rempli de bonheur. Je passai la bague à mon doigt et fourrai le *ta'reefeh* dans ma poche. Je me tenais entre mes frères, qui me donnaient la main. C'était comme dans l'un de mes dessins.

Le directeur déclara qu'il ne pouvait pas autoriser mes frères à sortir de l'école. Il nous indiqua un banc de bois au bout de la cour ; nous pouvions nous asseoir, ou bien aller à l'intérieur. Il nous conseilla de faire vite, parce que certains orphelins qui ne recevaient jamais de visites devenaient tristes, jaloux ou agressifs lorsqu'ils voyaient les autres avec de la compagnie.

Basel et Muhammad souhaitèrent d'abord nous faire visiter les locaux afin de nous montrer le monde dans lequel ils vivaient. Ils nous conduisirent à la cantine, puis dans le dortoir, constitué de longues rangées de lits superposés. Ils nous désignèrent des garçons qui dormaient. À voix basse, ils nous parlèrent de Roubine, qui tentait de s'enfuir de l'orphelinat tous les jours. Quand il parvenait à franchir le portail, il attendait un autocar, puis s'accrochait au premier qui s'arrêtait. Il changeait de car, constamment agrippé à l'arrière, jusqu'à Jérusalem. Les chauffeurs finissaient par l'attraper et le ramenaient.

Mes frères dormaient sur des lits adjacents. Faute de trouver les mots pour nous raconter leur calvaire quotidien, ils secouèrent la tête, puis nous expliquèrent ce qui se passait à Al-Bir. Chaque nuit, certains garçons mettaient du sable dans des feuilles de papier qu'ils roulaient, pour fabriquer ce qu'ils appelaient des « cigarettes de sable ». Ils attendaient que tout le monde dorme et allaient ensuite fourrer ces cigarettes de sable dans la bouche de ceux qui ronflaient. Les ronfleurs s'étranglaient et manquaient mourir. C'est pourquoi Basel et Muhammad se glissaient toujours dans l'un de leurs lits et s'installaient dos à dos. Les soirs où la température dans le désert chutait de façon brusque, le froid les empêchait de trouver le sommeil. Ils restaient alors éveillés et pleuraient.

Nous sortîmes nous asseoir à l'ombre d'un arbre et ils nous révélèrent qu'on les battait souvent, la plupart du temps injustement, assuraient-ils. Ils nous supplièrent de les reprendre avec eux. Mes parents se taisaient. Ils étaient bouleversés par ce qu'ils venaient d'entendre, mais que pouvaient-ils faire ?

– Mirriam ! Sortons-les d'ici ! s'écria enfin mon père.

– Pour les emmener où ? répondit ma mère.

– Nos enfants sont traités comme des orphelins alors que nous sommes vivants, dit-il, baissant la voix pour ne pas attirer l'attention.

– Tu veux que nous retournions dans cette prison sur la colline ? siffla-t-elle, à présent en larmes. Tu n'as qu'à essayer, toi : enferme-toi du matin au soir dans une pièce minuscule avec quatre enfants, pendant que des soldats tirent des coups de feu dehors. Vas-y, essaie, insista-t-elle.

Mon père secoua la tête et maudit le monde entier.

– Et si je bâtissais un mur devant la maison ? proposa-t-il après un moment de réflexion. Je demanderais à quelques-uns de mes amis de m'aider. Ce serait fait en un rien de temps. Et cela masquerait la grande fenêtre. Les soldats ne pourraient pas nous voir de la route.

Mère n'était pas convaincue.

– Je pourrais aussi remplir le réservoir et le relier à la cuisine à l'aide d'un tuyau d'arrosage, pour que tu n'aies pas à sortir pour prendre de l'eau, argumenta-t-il.

Mère résistait encore.

– Et si j'achetais une chèvre et des poules ? implora mon père. Nous aurions du lait et des œufs, et je leur construirais une cabane. Cela te faciliterait la vie.

– Mais si malgré tout, je ne me sentais pas en sécurité dans cette misérable maison ? le défia ma mère.

– Je ne t'imposerais pas d'y habiter plus longtemps, accepta-t-il.

Mère se radoucit finalement.

– Retournons-y alors, juste pour une courte période et nous verrons bien, concéda-t-elle. Mais pas avant le début des vacances d'été.

Nous laissâmes donc à l'orphelinat Al-Bir Basel et Muhammad, les visages pâles de déception. Le gardien leur conseilla d'essuyer leurs larmes pour ne pas ressembler à des filles. J'avais l'impression qu'un siècle me séparait de la fin de l'année scolaire. Mais je serais patiente et je reverrais mes frères. J'avais déjà attendu. J'attendrais encore.

Le premier jour de juin, Père se présenta à la porte de Dar El-Tifl, entouré de mes frères qu'il tenait par la main. Il était allé les chercher plus tôt. Nous rentrâmes tous ensemble en voiture ; Père conduisait en chantant à tue-tête.

– Attendez donc de voir votre maison, ne cessait-il de nous répéter.

Il était très enjoué. Mais Mère restait silencieuse.

À notre arrivée, notre maison était méconnaissable. Un mur de briques dissimulait la fenêtre de devant. Courant des deux côtés, il constituait une pièce extérieure supplémentaire. Des vignes qui s'étalaient sur un grillage servaient de toit et faisaient écran au soleil d'été. L'eau parvenait maintenant à la cuisine au travers d'un tuyau d'arrosage équipé d'un ajutage, qui s'ouvrait et se fermait aussi facilement qu'un robinet. L'eau atteignait également le coin des légumes, que Père avait plantés en prévision de notre retour : des carottes, des tomates, du persil, des courgettes, des oignons, des aubergines et des melons. Il les avait arrosés chaque jour. Tout avait bien poussé. Les pastèques étaient de la taille de boules de chewing-gum. Quelques semaines plus tard, elles seraient plus grosses que des ballons de football.

Deux pots de géranium décoraient l'entrée. Mère en froissa les feuilles entre ses doigts, respira leur parfum en souriant. Je collai les pétales ronds et rouges sur mes ongles de pied pour qu'ils ressemblent aux ongles vernis de Mère lors des célébrations de la fête de l'Aïd.

Père avait également construit un abri sur le côté gauche de la maison, dans lequel se trouvait la chèvre qu'il nous avait promise. À son premier bêlement, nous fonçâmes faire sa connaissance. Elle était grosse et ses cornes étaient en forme de banane. Le dessin de ses yeux rappelait celui des cacahuètes et son pelage marron portait des rayures couleur blond abricot. C'était une chèvre *Shameyyah*, se vanta mon père, elle avait été importée de Syrie.

– Elle peut avoir des chevreaux deux fois par an si elle est bien nourrie, expliqua mon père.

Son ventre contenait d'ailleurs déjà un petit, dont la naissance était pour bientôt.

Père posa son bras sur les épaules de Mère, et nous allâmes dans la cour qui donnait sur la vallée. Il montra la personne de pierre que j'avais formée à son intention avant mon départ pour Dar El-Tifl. Je sautai dans ses bras.

Assis sur la terre rouge, nous discutions en riant, avec pour feu de joie le soleil qui se couchait derrière nous. Mon père ramassa de minuscules cailloux qu'il lança au loin, exactement comme il l'avait toujours fait.

Mon cœur savait que mon vrai chez-moi était ici. Contrairement aux nombreux lieux où nous avions vécu depuis que la guerre avait changé nos vies, celui-ci était l'endroit que j'adorais. Je connaissais la route qui y menait, et je savais où elle conduisait plus loin. La peau de mes pieds nus reconnaissait cette terre rouge avec toutes ses rides. Les buissons épineux me piquaient souvent, mais je savais comment retirer les épines. Et j'aimais marcher autour des pyramides miniatures de terre fraîche que soulevaient les taupes. Je savais que ces bêtes à la vue faible étaient là, même si je ne les avais jamais aperçues.

La nuit me remplissait de peur, mais cette peur s'en allait au matin, et je m'habituai à ses allées et venues dans mon cœur. Je prenais les sons des grillons nocturnes pour des bruits que faisaient les étoiles, parce que les grillons et les étoiles apparaissaient en même temps. Les uns nous chatouillaient les oreilles, les autres, les yeux.

Je connaissais aussi la brise qui montait lentement de la colline et s'engouffrait dans nos fenêtres.

Elle animait les rideaux d'une danse quotidienne et embrassait tendrement mon visage. Je battis des bras pour que cette brise me titille, et l'espace d'un instant, je me sentis libre, tel un oiseau, savourant le ciel. Tout ici m'appartenait et m'était familier. Je m'assis. J'étais certaine de ne plus jamais vouloir quitter ce lieu, peu importait ce que Mère déciderait.

Accident

Les soldats venaient toujours sur la colline, mais leurs aires d'entraînement étaient maintenant plus éloignées de notre maison. Leurs casques apparaissaient et disparaissaient dans le lointain. La nuit, un gigantesque faisceau lumineux raclait le ciel d'un bout à l'autre, à la manière d'une interminable épée. Tel le plus long essuie-glace que j'aie jamais vu, il fouettait notre maison et nos fenêtres, éclairant alors nos visages durant quelques secondes.

– C'est un projecteur, expliqua mon père. Il permet aux militaires de contrôler la région.

– Et s'ils voient quelque chose qui ne leur plaît pas ? m'enquis-je.

– Ils passeront à l'attaque, répondit-il.

Vu qu'il n'y avait pas d'électricité chez nous ou aux alentours, l'effet du projecteur était ahurissant. En pensant qu'à des kilomètres de là, des soldats nous observaient, je me demandais si je dormais correctement, et s'ils pouvaient lire dans mon esprit que j'étais très mécontente de ce qu'ils faisaient. Je ne voulais pas qu'ils viennent dans notre maison, surtout pas la nuit. Je m'empêchais donc de penser à cette lumière, me couvrais la tête et tentais de m'endormir. Mais le faisceau était si puissant qu'il illuminait toute la pièce à chaque apparition. La lumière me réveillait très souvent, jusqu'au moment où elle devint une source de jeux pour mes frères et moi : nous essayions de deviner l'instant et le nombre de fois où elle balaierait notre demeure. Lorsque nous avions fini de jouer, nous dormions la tête enfouie sous nos oreillers.

Refusant d'être seule de jour comme de nuit, Mère se débrouilla pour avoir de la compagnie pendant la journée de travail de mon père. Elle cousait depuis qu'elle était jeune fille et avait pu se perfectionner à Dar El-Tifl. Elle informa donc les membres de notre famille, ses amis et des voisins de la région d'Irsaal, au pied de la colline, qu'elle leur confectionnerait des vêtements. Bientôt, nous fûmes entourés de femmes et d'enfants qui surnommèrent ma mère « Mirriam Al-Jabaleyyah », « Mirriam de la Montagne », puisqu'ils devaient gravir la colline pour venir la voir. Le sol de notre maison était quotidiennement jonché de rouleaux de tissu aux couleurs vives, de fil, de patrons et de numéros de *Burda*, un magazine de mode.

Il était rédigé en allemand, une langue enseignée à Dar El-Tifl. Mère ne lisait ni ne parlait allemand, mais elle savait utiliser les patrons. Je contemplais les pages de la revue couvertes de photos de petites filles souriantes, vêtues de robes et de chaussures neuves, qui posaient près de leurs bicyclettes, des paniers de fleurs à la main. Elles avaient de longues nattes d'or qui leur descendaient dans le dos.

– Qu'elles sont belles ! s'exclamait Mère. Regardez-moi ces yeux verts et bleus, cette peau blanche comme du lait.

Aucune des filles de *Burda* ne me ressemblait. Mes cheveux et mes yeux étaient couleur café. Pourtant, j'avais envie d'être comme elles, pour avoir peut-être de nouvelles tenues, et surtout un vélo.

Notre machine à coudre Singer fonctionnait avec une pédale actionnée avec les pieds. Assise sur une chaise, Mère appuyait dessus par intermittence tandis que ses mains guidaient les étoffes qui deviendraient des robes de mariée et de grossesse, des vêtements d'enfants, des pyjamas, des jupes. Les clients riaient quand ils se retournaient devant l'étroit miroir et qu'ils se voyaient dans leurs nouveaux habits. Ils affirmaient que les ouvrages de Mère étaient meilleurs que tout ce que l'on achetait dans les magasins.

L'activité de couture se développa. De plus en plus de tissus s'étalaient par terre, jusqu'au jour où Mère eut besoin de tout l'espace. Mes frères et moi allâmes jouer dehors – sous les vignes qui poussaient dans l'espèce de pergola que Père avait construite.

Quand nous chahutions et que nous la dérangions, Mère nous menaçait de nous livrer aux Yahoud, aux Juifs. Les seuls Juifs que nous connaissions étaient les soldats israéliens.

– Prenez celui-ci ; je veux me débarrasser de lui, disait-elle, feignant de nous confier à un être imaginaire.

Mère ne tarda pas à être moins exigeante et nous laissa jouer dans la cour de devant plus souvent, puis de l'autre côté du mur, sur la route. Nous sentions peu à peu qu'elle ne s'inquiétait plus pour nous. Elle nous imposa juste deux règles. La première : nous ne devions franchir le mur qu'après 16 heures, lorsque la lumière du soleil éclairait notre maison selon un angle bien précis. N'ayant pas de montre, Mère se fiait au soleil et à la longueur des ombres. Avant quatre heures, nous dit-elle, les serpents venimeux et les scorpions erraient dans la chaleur. La seconde : nous devions rester ensemble en permanence. Ce qui me convenait parfaitement.

Basel et Muhammad fabriquaient des fusées en papier et des cerfs-volants. Nous cherchions sous les cailloux, dans les buissons épineux et sous les arbres les matériaux abandonnés qui nous permettraient d'inventer nos propres jouets. Tout était susceptible de servir : des boîtes de conserve, des morceaux de métal, des éclats de verre, des os d'animaux sauvages ou des cloches tombées des cous des chèvres.

Chaque jour, nous nous rapprochions un peu plus des soldats, si bien qu'un après-midi, parvenus à quelques mètres d'eux seulement, nous pûmes voir leurs visages.

Ils nous firent signe de nous en aller. Nous battîmes en retraite durant une poignée de minutes, avant de revenir. Nous étions maintenant plus curieux qu'effrayés. Ce qui m'intriguait le plus, c'était comment des soldats, agrippés à des parapluies grands ouverts, sautaient d'avions volant dans le ciel et atterrissaient sur le sol indemnes.

Le soir, après le départ des militaires, nous fouillions les innombrables tranchées qu'ils avaient creusées et escaladions les barrières de fils barbelés qu'ils avaient érigées. Nous traînions jusque chez nous les silhouettes en carton qui étaient restées debout, transpercées de toutes parts par les balles. Nous remplissions nos poches de cartouches vides et lancions des regards furieux aux énormes quantités de nourriture qu'ils jetaient. Mère nous interdisait de manger la pâte à tartiner au chocolat, la confiture, le pain en tranches, les biscuits et de boire les briques de lait chocolaté que les soldats laissaient régulièrement derrière eux.

– Vous risqueriez de vous empoisonner, affirmait-elle.

Par conséquent, nous ne touchâmes jamais à quoi que ce soit.

Un jour, mes frères trouvèrent un fusil.

– Un Sten ! s'exclamèrent-ils.

L'arme était si lourde qu'ils durent se mettre à deux pour la porter. Basel tenait le bout avant, le canon métallique, et Muhammad, l'arrière. Nous prîmes le chemin de la maison comme si nous transportions un cerf que nous avions chassé. Mais quelques instants plus tard, un véhicule bondé de soldats surgit. Ils crièrent et firent signe à mes frères de laisser tomber l'arme. Ils la prirent et repartirent.

Petit à petit, lorsque nous revenions de nos aventures, Mère cessa de nous demander où nous étions allés. Elle savait. Elle raccommodait nos vêtements déchirés par les fils barbelés, badigeonnait d'iode nos coupures et nos égratignures en secouant la tête.

Comme mes frères et moi, les soldats restaient toujours en groupes. Ils arrivaient et repartaient ensemble. Une fois, pourtant, l'un d'eux apparut seul dans une Jeep. Nous fûmes surpris de le voir. Il conduisait très vite et semblait ignorer que la route de gravier zigzaguait, avant de finir en cul-de-sac juste après notre maison. Nous observions la scène. Quand la Jeep atteignit le bout de la route et prit un virage serré, elle tourna sur elle-même et se renversa sur le côté.

– Accident ! m'écriai-je avec mes frères.

Inquiets de savoir ce qui était arrivé au conducteur, nous courûmes sur place avant de nous arrêter prudemment à quelques mètres.

Nous cherchions dans les yeux les uns des autres le courage de nous approcher davantage. Et s'il était mort ? Nous tenant par les habits, nous avançâmes. Sa poitrine était coincée sous le volant.

Nous frappâmes à la vitre du véhicule. Le soldat leva les yeux et bougea une seule main. Sous son uniforme kaki et son casque, il ressemblait à une tortue sans défense retournée sur le dos. Il gémit, puis parla d'une voix faible – incompréhensible pour nous. Nous lui demandâmes d'une voix forte ce dont il avait besoin. Lui non plus ne saisit pas le sens de nos paroles.

Il sut toutefois se faire comprendre en pointant son pouce vers sa bouche ouverte. Nous fonçâmes à la maison et revînmes en hâte avec un seau d'eau potable. Mais comment pouvions-nous l'aider à boire ?

Avant que nous décidions quoi faire, une autre Jeep descendait la route à toute vitesse, suivie d'autres voitures.

– *Rooh lebaitak*, nous dit-on, nous ordonnant de rentrer chez nous.

Nous ne voulions pas partir. Alors, nous regardâmes de loin les autres soldats extraire le blessé de la Jeep, le placer sur un brancard et l'emmener avec eux.

La voiture fut laissée à l'abandon pendant deux jours. Bien qu'ayant envie de jouer dedans, nous en avions peur, nous nous contentions donc de tourner autour. Finalement, un camion équipé d'un treuil la remorqua comme s'il s'agissait d'un animal mort. Il resta un trou dans la terre, qui faisait apparaître l'image de la Jeep dans nos esprits chaque fois que nous passions devant. Nous parlions souvent de cet accident entre nous, espérant que le soldat blessé survivrait et guérirait.

C'est à ce moment-là que je me rendis compte que les soldats israéliens faisaient désormais partie de notre vie quotidienne. Nous les observions, les imitions, essayions de comprendre leurs manœuvres et parlions d'eux à longueur de temps. Ils étaient la source de notre angoisse et de notre divertissement.

Je commençai aussi à m'inquiéter au sujet de mon père. Il conduisait un camion toute la journée. Parfois, il s'endormait au volant. Parfois même, il emmenait l'un de mes frères avec lui pour qu'il le réveille si cela se produisait.

Je le voyais dans ma tête, roulant dans la chaleur estivale, les manches retroussées, le coude dépassant toujours de la vitre. Et si, un jour, il succombait au sommeil, perdait le contrôle de son camion, avait un accident, était blessé ? Il serait seul, voudrait de l'eau, mais ne pourrait pas boire. Qui l'aiderait ?

Zuraiq

Nos dix poules noires et le coq brun-rouge arrivèrent dans une cage. Un homme, qui possédait une dent d'or scintillante, les lâcha dans le jardin. Ils sautèrent de la cage en battant des ailes et picorèrent aussitôt la terre. La nuit, ils partageaient l'abri avec la chèvre.

Dès son arrivée, le coq modifia le rythme de nos matinées. Il réveillait tout le monde dès l'aube. Mon père aimait son chant parce qu'il l'aidait à accomplir ses prières matinales à l'heure. Père priait cinq fois par jour. Il disposait par terre un minuscule tapis orné du dessin d'une mosquée, se tenait en direction de La Mecque, puis s'inclinait devant Dieu en s'agenouillant et en se penchant en avant jusqu'à ce que son front touche le sol. C'était l'instant où mes frères, ma sœur et moi aimions sauter sur son dos. Il riait alors et haussait la voix mais ne cessait jamais de prier. Nous savions que nous ne pourrions pas le déconcentrer car il nous avait dit que lors de la prière, on entrait dans la main de Dieu. J'avais l'impression qu'ainsi juchés sur le dos de mon père, nous entrions avec lui dans la main de Dieu.

Le coq continuait à chanter longtemps après la fin des prières. Sa persévérance à vouloir que personne ne dorme plus après son réveil me déplaisait. En revanche, j'aimais la façon dont les plumes de sa queue se dressaient, et combien sa posture était fière, presque aussi fière que celle d'un soldat – notre unique soldat. Il marchait tel un roi, avec sa crête couleur tomate. Et lorsqu'il se pavanait, j'avais envie de l'imiter.

Un jour, je trouvai le bâton à lèvres de Mère et me barbouillai le visage de rouge. Je chaussai sa seule paire de talons hauts et marchai le nez au vent, levant chaque pied comme le faisait le coq. Je suspendais mon pied en l'air, me figeais, avant de l'abaisser et de le reposer par terre. Je rejetais la tête en arrière d'un coup sec, l'air très prétentieux, et regardais les poules autour de moi afin de m'assurer qu'elles m'avaient vue.

À la différence du coq, les poules étaient en général silencieuses, excepté lorsqu'elles caquetaient pour annoncer la ponte imminente d'un œuf. Mes frères, ma sœur et moi leur retournions leurs caquètements. Nous ramassions la plupart des œufs pendant qu'ils étaient encore tout chauds. Nous en laissions toujours éclore quelques-uns.

Les poussins, qui n'étaient pas plus grands que la main, rendaient Maha euphorique. Elle faisait des bonds quand elle en apercevait un sortir de sa coquille. Ils étaient très beaux – encore plus beaux que les œufs que nous faisions bouillir avec des pelures d'oignons et des herbes pour les colorer. Nous les manipulions avec le plus grand soin : ils étaient fragiles, comme des bougies exposées au vent. J'aurais voulu qu'ils vivent tous. Pourtant, la chaleur ou les morsures de serpent étaient fatales à nombre d'entre eux ; certains ne vivaient même pas plus d'une journée. Je les enterrais près de l'abri, les recouvrant de feuilles.

Certains vendredis, Mère et Père tuaient un poulet adulte pour célébrer le fait d'être ensemble et d'avoir survécu une semaine supplémentaire. Le vendredi, Jumua, « le jour du rassemblement », était notre jour de repos hebdomadaire, et la seule fois où nous mangions de la viande. Mon père nous achetait souvent un morceau d'agneau ou de chèvre chez le boucher. Mais les poulets venaient toujours de notre élevage.

Père en choisissait un, lui attachait les ailes dans le dos et tendait sa tête à Mère. Elle étirait le cou de la volaille, attendait que Père prononce une courte prière puis le tranchait. Mère grimaçait toujours, pinçait les lèvres et fermait les yeux lorsque le couteau faisait son œuvre. Moi, je me couvrais le visage des mains. Puis Père jetait de côté le poulet, le sang éclaboussait partout. Le corps décapité courait en décrivant des cercles jusqu'à tomber raide mort – juste devant nous.

Mère faisait bouillir la volaille afin d'en ramollir les plumes, avant de les arracher et d'ouvrir la bête. Elle enlevait le cœur, le foie et ce qui ressemblait à une sorte de poche stomacale. Ensuite, elle lavait et faisait frire le tout, que nous mangerions en plat d'accompagnement. Mère passait la matinée à cuisiner, et le reste de la journée, mes parents se reposaient.

J'avais pour tâche de m'occuper de Maha et de veiller à ce que les poulets ne s'égarent pas ou ne soient pas attaqués par les renards et les chiens sauvages. Accroupie, Maha appelait les poussins. Au besoin, elle leur courait après en bondissant, mais le temps qu'elle retrouve son équilibre, ils s'étaient éloignés. Elle les pourchassait, inlassable, en les désignant par d'étranges noms. Nos tentatives pour lui apprendre à parler correctement ne lui servaient qu'à inventer des mots, tous plus bizarres les uns que les autres.

Je surveillais également la chèvre, qui avait tant grossi qu'elle avait maintenant presque du mal à franchir la porte de l'abri. Elle mangeait en silence tout ce que nous lui donnions, et l'après-midi, immobile, elle continuait de mâcher, comme si elle avait de la nourriture imaginaire dans la bouche.

Mes frères et moi souhaitions choisir un nom pour le petit qu'elle portait dans son ventre. Nous voulions qu'il plaise à notre père, mais rien ne nous venait à l'esprit. Alors nous demandâmes à Père de nous aider. Il eut aussitôt une idée. Il nous montra l'horizon lointain derrière notre maison en disant : «*Zuraiq*», ce qui signifie : «La Petite Bleue». Nous comprîmes tout de suite.

Père faisait souvent ce geste. Il affirmait que si nous regardions bien, notamment par beau temps, nous pouvions apercevoir la Méditerranée. La mer apparaissait alors sous la forme d'une petite ligne bleue griffonnée le long de l'horizon. À l'entendre, cette «petite ligne bleue» était un vrai fil magique. Avant la guerre de 1948, Père avait vécu et travaillé durant de nombreuses années dans la ville de Jaffa, en bordure de la Méditerranée. Nous voir plisser les yeux dans cette direction le remplissait de bonheur – il avait l'impression que c'était lui que nous désirions ardemment distinguer.

J'annonçai à la chèvre que nous allions baptiser son chevreau Zuraiq. Pour seule réponse, elle remua une oreille tout en continuant à mâcher sa nourriture imaginaire. Mes frères et moi la laissions plutôt indifférente. En revanche, dès qu'elle voyait notre père, elle tentait de courir vers lui, exactement comme nous. Mais la corde à laquelle elle était attachée l'en empêchait.

Elle cessait de tirer dessus quand mon père entrait dans la maison. Elle savait qu'il lui donnerait bientôt à manger et à boire. Après le dîner, il passait un long moment à peigner ses poils et à lui chanter ses chansons préférées. Il se confiait à elle, lui racontant sa journée.

Un jour, la chèvre chevrota d'une étrange façon. À l'intérieur de son abri, elle allait d'un mur à l'autre en chancelant, ses jambes trop maigres pour soutenir son ventre plein. Puis, quelques instants seulement après l'arrivée de Père, son corps s'ouvrit ; elle était prête à mettre bas. Elle perdait du sang et se coucha. La tête du petit apparut. Mon père l'aida délicatement à sortir. Suivirent le long cou, les oreilles, la poitrine, et les pattes avant repliées. Puis les pattes arrière et la minuscule queue. La mère se retourna pour nettoyer son petit à coups de langue.

Père souleva la patte du cabri et annonça que c'était un garçon. Basel, Muhammad et moi demeurâmes sans voix jusqu'au premier petit bêlement du chevreau. Nous lui répondîmes en bêlant. Pensant qu'il appartiendrait à celui qui le toucherait en premier, mes frères et moi tendîmes la main, et nous le touchâmes tous les trois en même temps. Comme prévu, nous l'appelâmes Zuraiq.

Laissant Zuraiq et sa mère se reposer, nous regardâmes Père enterrer le placenta dans le jardin de derrière. À notre retour, Zuraiq s'efforçait de se dresser sur ses pattes. Vu qu'il était incapable de se tenir debout, nous l'y aidâmes. Il resta ainsi un moment, avant de tomber. Il nous fallut répéter notre geste à maintes reprises pour qu'il réussisse à faire un pas. Lorsqu'il en enchaîna enfin plusieurs tout seul, nos applaudissements crépitèrent.

Les tétées et les jeux constituaient les principales activités de Zuraiq. La première semaine, notre père décida de traire la mère une seule fois pour que nous goûtions à ce premier lait particulièrement riche. Passé cette période, il la trayait uniquement le soir, permettant à Zuraiq de se rassasier. Lorsque le cabri put enfin manger de l'herbe et des céréales, Père recouvrit les mamelles de la mère afin de le sevrer.

Le jour où il fut sevré, nous suppliâmes Père de ne pas le vendre ni le tuer un vendredi ainsi qu'un poulet, ni de le sacrifier lors de la fête de l'Aïd. En peu de temps, Zuraiq était devenu un membre de la famille. À l'image de Père qui avait besoin de parler à la mère du chevreau, mes frères et moi avions besoin de parler à Zuraiq. Et à l'image de la chèvre qui bêlait seulement quand Père rentrait chez nous, son petit courait uniquement vers Basel, Muhammad et moi. Il nous obéissait au doigt et à l'œil et nous suivait partout. Père nous promit de garder Zuraiq comme animal domestique.

Chacun de nous voulait être avec le cabri, mais pour Basel et Muhammad, l'année scolaire allait bientôt commencer. Moi, je n'irais à l'école qu'à l'âge de six ans. L'idée que mes frères et moi serions une fois de plus séparés me rendit anxieuse, mais j'étais heureuse : Zuraiq m'appartiendrait ainsi à moi toute seule quand mes frères seraient en classe.

Au milieu des protestations de mes frères, je nommai donc notre chevreau Zuraiqee, « Mon Zuraiq ». Il se mit à me suivre moi en priorité. Et lorsqu'il s'allongeait à l'ombre pour se reposer, il me servait d'oreiller pendant ma sieste.

La veille du 1er septembre, jour de la rentrée, Mère nous baigna tous les trois dans une grande baignoire en fer-blanc – notre rituel hebdomadaire. Elle sortit les vêtements neufs de mes frères et les repassa, tâche qu'elle réalisait rarement, excepté à l'occasion des fêtes sacrées. Mais l'école et les études étaient tout aussi sacrées aux yeux de Mère. Tandis qu'elle humidifiait le linge et inclinait la tête de droite et de gauche pour éviter la vapeur brûlante, mon Père et elle nous parlèrent de leur propre scolarité.

– Quand j'étais enfant, la Palestine était sous l'autorité des Britanniques, commença mon père. J'ai fait une année seulement de cours préparatoire parce que ma famille ne pouvait pas payer les seize piastres[1] que le gouvernement exigeait à l'époque. Dans les années trente, cela représentait une grosse

1. Monnaie de divers pays.

somme d'argent. C'était ce que gagnaient certaines familles en un mois. Mais j'avais soif d'apprendre. J'ai étudié un semestre supplémentaire dans une mosquée, avec un bénévole qui enseignait aux garçons le cours de mathématiques élémentaires. C'est là-bas que j'ai appris le chapitre du Coran intitulé : « Sourate Ya-Sin ». Je peux encore le réciter par cœur.

Père se mit à déclamer fièrement dans son intégralité ce passage long de cinq pages. À la fin, nous applaudîmes, mais il nous interrompit : on ne devait jamais faire cela lorsqu'il s'agissait d'un texte sacré.

– Le silence est la meilleure expression du respect, expliqua-t-il.

Nous demeurâmes donc silencieux en attendant que Mère raconte à son tour.

– Moi, je suis allée jusqu'en sixième, mais ensuite, mes parents n'ont plus eu les moyens de me faire suivre des études, nous apprit-elle. Le jour où j'ai quitté l'école a été l'une des pires journées de ma vie. J'ai imploré le principal pour qu'il me laisse m'asseoir par terre, dans l'espoir que cela réduirait les frais d'inscription. Je lui ai même proposé de nettoyer les locaux en échange d'une autorisation d'assister aux cours. Mais il a refusé. Au lieu d'aller à l'école, j'ai donc travaillé à Jérusalem pour aider à subvenir aux besoins de ma famille jusqu'à notre mariage, quand j'avais quinze ans.

Mère avait les yeux remplis de larmes.

– Mais Mère, est-ce que vous pouvez payer nos frais d'inscription ? s'enquit Muhammad.

– Les écoles gérées par les Nations unies sont gratuites pour les enfants réfugiés, répondit-elle, au grand soulagement de mon frère.

Le lendemain matin, Mère se leva avec le coq, fit du thé et des œufs au plat pour le petit déjeuner, et en plongea d'autres dans de l'eau bouillante, que mes frères emporteraient à l'école. Dans le four en fer posé au-dessus du poêle à trois pieds, elle fit cuire du pain sur de petites pierres chaudes que nous appelions *rathef*. Et elle prépara également du *manakish zaatar*, de la pizza à l'origan et à l'huile d'olive.

J'étais malheureuse en regardant Basel et Muhammad s'apprêter à partir. Mère et Père affirmaient que l'école, c'était très important. Pourquoi donc devais-je attendre, alors que mes frères, eux, y allaient ? J'essayais de penser à autre chose en faisant tourner les œufs durs sur le carrelage – Mère m'avait appris qu'un œuf dur tourne vite, à la différence d'un œuf cru, qui va lentement.

Père se préparait à accompagner mes frères à l'école élémentaire située dans le camp de réfugiés de Jalazone. Il les y inscrirait et leur montrerait quel bus prendre pour rentrer chez nous.

– Ne laissez pas les garçons du camp vous frapper, ne cessait-il de leur conseiller. Restez ensemble.

– Je peux venir, moi aussi, Yaba ? le suppliai-je.

Mon père m'autorisa à les suivre un tout petit moment, puis me demanda de rentrer.

– Juste encore un peu, l'implorai-je.

Il accepta et m'expliqua que mes frères seraient de retour dans quelques heures seulement.

– Le temps va passer en un clin d'œil, m'assura-t-il. Ce n'est pas comme à l'orphelinat Al-Bir. Tu pourras jouer avec Maha, et tu auras Zuraiq pour toi toute seule. Mais ne t'aventure pas près des soldats.

Il me promit que l'année suivante, je pourrais aller à l'école tous les jours avec mes frères.

Je hochai la tête, réprimant une tempête de chagrin. J'avais envie de grandir rapidement : d'avoir six ans, d'aller à l'école pour apprendre, d'être avec mes frères. Mais pour le moment, les pas alourdis par la tristesse, je devais rentrer à la maison avec Zuraiqee. Il frotta sa tête contre moi. J'eus le sentiment qu'il était le seul à comprendre ce que je ressentais au plus profond de moi. Je lui caressai les oreilles avec toute mon affection et j'éclatai en sanglots.

L'école de garçons de Jalazone

À mesure que l'année s'écoulait, au lieu de m'éloigner de Basel et Muhammad, l'école nous rapprochait car ils m'incluaient dans leurs études. Lorsque je leur posais une question, c'était à celui qui me répondrait en premier. Ils me montraient tous les dessins et les leçons de leurs cahiers. Les lignes écrites sur les pages étaient plantées de mots aux formes singulières, qui s'ouvraient comme des rangs de fleurs. Les nombreux points placés au-dessus des lettres s'éparpillaient telles des graines. Je retenais tout ce que mes frères m'enseignaient.

Pendant qu'ils étaient à l'école, je jouais à la maîtresse – Zuraiqee était mon élève. Je lui expliquais mes leçons inlassablement. Je le soudoyais en lui donnant à manger. Je tentais d'obtenir son attention en lui mettant ma feuille de papier sous le nez. Mais il voulait toujours la manger. Zuraiqee était un élève paresseux. En tout cas, avec ou sans lui, moi, j'étudiais. Ainsi, la journée passait plus vite.

Le soir, mes frères rapportaient de pleines poches de vocabulaire que leur avaient enseigné leurs professeurs. Grâce aux autres écoliers de Jalazone, ils savaient aussi fabriquer toutes sortes de jouets merveilleux : des skate-boards à partir de boîtes en bois et de roues récupérées chez un ferrailleur, des voitures miniatures en fil de fer dotées de colonnes de direction aussi longues qu'un balai. Ils se mettaient également à de nouveaux jeux (cartes, morpion) et apprenaient la meilleure façon de lancer une toupie. Les toupies rose et blanc, et rouge et vert tournaient sur le carrelage tels des danseurs tourbillonnant.

Mais les garçons de Jalazone se battaient souvent et mes frères rentraient parfois en essayant de cacher leurs yeux enflés, leurs habits déchirés ou les égratignures sur leurs visages. J'écoutais le récit de leurs bagarres – les coups de poing, de pied, les insultes – de la même manière que mon père suivait les retransmissions à la radio des matchs de boxe du champion poids lourd américain, Muhammad Ali, son plus grand héros. Je trépignais de joie à l'annonce de leur victoire, surtout s'ils s'étaient battus contre les deux frères Kanash.

Les instituteurs employaient des méthodes extrêmement dures pour maintenir la discipline. Ils donnaient des coups de pied aux élèves, les injuriaient, les giflaient, les traînaient par les oreilles, les fouettaient et leur tapaient sur les mains avec des bâtons de bois et des règles.

– *Yabayee* ! Qu'est-ce que ça fait mal ! s'exclamaient mes frères.

L'univers des garçons de Jalazone me paraissait cruel mais je tenais malgré tout à ce que mes frères me racontent toutes leurs expériences en détail. Je connaissais les noms des professeurs méchants ou indulgents, les portraits des garçons qui pleuraient lorsqu'on les frappait et ceux qui « ressemblaient à des singes mangeant des raisins aigres » quand ils luttaient pour refouler leurs larmes.

Les écoliers se vengeaient en ridiculisant leurs enseignants. Basel et Muhammad prenaient grand plaisir à décrire le nez de leur professeur de sciences. Selon eux, il était plus long que la baguette que celui-ci pointait sur le tableau et il lui permettait de flairer les ennuis d'un bout à l'autre de la classe.

La cruauté de la vie à Jalazone se révéla encore davantage à moi au travers des maladies infectieuses qui frappaient mes frères. Des plaques rouge sang apparues sur leurs crânes provoquaient la chute de leurs cheveux. Ils pleuraient de douleur, tant elles les démangeaient.

Père lava ces boutons avec des solutions à base de plantes, qui n'eurent aucun effet. Ayant été formée auprès d'un médecin à Jérusalem, Mère sortit une seringue et une aiguille et les fit bouillir longtemps pour les désinfecter. Elle brisa l'extrémité d'une ampoule de pénicilline – elle en achetait régulièrement à la pharmacie – et en injecta à mes frères. Ce traitement n'eut pas plus de succès ; les plaques continuèrent de s'étendre. Après discussion, mes parents reconnurent qu'il leur faudrait un mois pour réunir la somme nécessaire à une consultation médicale.

Père eut alors une idée : laver les plaies avec de l'eau de la mer Morte. Il avait entendu dire que cette petite mer devait son nom au fait qu'aucune plante, aucun poisson ou aucun animal ne pouvait y vivre. Peut-être que les germes non plus, pensa-t-il. Il emmena donc mes frères s'y baigner. Ils revinrent avec une bouteille de cette eau salée et pendant plusieurs jours mon père en badigeonna leurs lésions matin et soir.

Les larmes de mes frères semblaient encore plus amères que ce liquide qui leur brûlait la peau. Mais ils ne bougeaient pas, dans l'espoir que la trouvaille de Père porterait ses fruits. Et ce fut le cas. Les plaques séchèrent et disparurent. En un rien de temps, les cheveux de mes frères repoussèrent. Fort de ce succès, mon père rapporta à la maison un plein tonneau d'eau de la mer Morte, pensant qu'elle guérirait tout.

Mais l'eau de la mer Morte n'éradiqua pas les vers solitaires qui grouillaient dans mes intestins et ceux de mes frères. Nous ne comprenions pas comment des dizaines de vers blancs, longs d'une trentaine de centimètres, pouvaient entrer dans nos ventres et nous faire aussi mal. Père finit par nous emmener dans la clinique d'une petite ville appelée Al-Qubeibeh, près de Jérusalem.

L'un des murs de la salle d'attente était percé d'une fenêtre haute. Sans un mot, une femme morne fit coulisser la vitre et nous tendit à chacun une grande tasse d'huile de ricin.

– Pincez-vous le nez et buvez cul sec, sans respirer, nous ordonna-t-elle.

Si nous recrachions l'huile, nous devrions recommencer.

L'épais breuvage jaunâtre était écœurant, tant par son aspect que par son odeur. Mais nos maux d'estomac étaient bien pires. Alors Basel, Muhammad et moi ne tardâmes pas à respirer à fond, à incliner les tasses sur les bords de nos lèvres et à signifier par un clin d'œil que nous étions prêts.

– À trois, nous prépara Mère.

Quand elle eut fini de compter, nous bûmes à grandes gorgées.

– Avalez bien, supplia Mère.

Un bonbon au réglisse et un faible sourire de l'infirmière vinrent nous récompenser.

Je redoutais que mes frères n'attrapent des maladies incurables, surtout que Mère parlait sans arrêt du caractère mortel du choléra, de la typhoïde, de la tuberculose et d'autres affections du même type. Basel, lui, nous raconta un jour qu'un de ses camarades de classe était tombé subitement malade et qu'il était mort une semaine plus tard.

Les histoires relatives à l'école de garçons de Jalazone peuplaient mon esprit. Désormais, je pouvais visualiser les journées de mes frères dans les moindres détails.

Lorsque la radio annonçait 10 h 00, je me demandais s'ils s'étaient bagarrés pendant la récréation et s'ils s'étaient fait frapper. L'après-midi, je les imaginais franchissant le portail et passant devant la Jeep d'un soldat qui attendait parfois au bord de la route de Naplouse.

L'hiver arriva. Chaque fois que les éclairs ceinturaient les nuages qui gonflaient comme des ballons et qu'ils faisaient tomber la pluie sur les champs, je tirais sur la robe de Mère, inquiète. Le bruit du tonnerre était similaire à celui des bombes.

Ces jours-là, mes frères arrivaient chez nous en tremblant. Ils claquaient si fort des dents qu'on aurait dit une averse de grêle s'abattant sur un sol de verre. Des flaques se formaient sous leurs vêtements dégoulinants et leurs bottes en plastique étaient remplies d'eau car nous n'avions pas de quoi acheter des parapluies.

Le vendredi, jour où mes frères restaient à la maison, nous attendions tous les trois que la pluie cesse et que le soleil perce les nuages. Alors, nous suppliions Mère de nous laisser sortir. Quand le temps était glacial, elle nous autorisait à quitter la maison uniquement si nous lui promettions de ne pas nous éloigner.

Une fois, cependant, nous partîmes en cachette. Nous avions un but secret : découvrir si les soldats s'entraînaient toujours par ce grand froid. À notre grande surprise, nous n'en vîmes aucun. Leurs profondes tranchées étaient pleines d'eau et surmontées de couvercles de glace. L'endroit nous appartenait totalement.

Nous nous frottions les mains, les joues, en sautillant afin de nous réchauffer. La pluie hivernale avait lavé le monde ; de la terre au ciel, tout semblait nouveau. Nos souffles dansaient sous nos yeux en sortant de nos poitrines, tandis que nous inventions des chansons sur les soldats qui avaient peur de l'hiver.

Je tournoyais en riant, euphorique, lorsque tout à coup, je tombai dans une tranchée. La feuille de glace commença à se refermer sur moi avant que je puisse crier. Mes pieds ne touchaient pas le fond et mes mains ne pouvaient s'accrocher à quoi que ce soit. Horrifiés, mes frères s'allongèrent sur le sol et commencèrent à briser désespérément la glace avec leurs poings. Hurlant mon nom, ils parvinrent enfin à me hisser hors du trou.

Sur le chemin du retour, mes vêtements gelaient sur mon corps. Je n'étais plus capable ni de marcher ni de pleurer. Muhammad ôta ses chaussettes et les enfila sur mes pieds ; puis Basel et lui me portèrent sur leur dos à tour de rôle.

Parvenue chez nous, je ne pus cacher mes frissons à ma mère.

– Où êtes-vous allés ? nous interrogea-t-elle d'un ton sévère.

– Elle est tombée dans une flaque, ne cessèrent de répéter mes frères.

J'acquiesçai.

Mère versa de l'eau dans un bol, à l'intérieur duquel étaient gravées des prières du Coran[1]. Elle l'appelait le bol des tremblements, *taset al-rajfeh*. Elle était convaincue que si l'on buvait dedans, on guérissait des terreurs les plus atroces.

Elle attendit patiemment pendant une heure que les mots sacrés aient le temps de se mélanger parfaitement.

– Bois, me dit-elle ensuite en me tendant le *taset*.

1. Livre sacré des musulmans contenant la doctrine islamique (les paroles que Dieu a révélées au Prophète). C'est sur celle-ci que reposent les principes fondamentaux de l'islam.

Je fus incapable d'avaler la moindre goutte. La fièvre s'était déclarée et j'avais mal à la gorge. Ma mère me fit une injection et me posa un tissu humide sur le front pour me rafraîchir. Elle prit ma température de nombreuses fois et maudit la terre entière car ma fièvre ne baissait pas.

Père proposa d'appliquer des ventouses sur mon dos : il pensait que cela purifierait mon corps. Il laissa tomber des morceaux de papier en flammes dans des tasses en verre qu'il retourna contre ma peau. Le feu mourut instantanément, seule la fumée subsista.

Pour une raison que je ne comprenais pas, les récipients adhéraient à mon épiderme. Le dos recouvert de ces tasses, je devais demeurer immobile. Même si je détestai ce procédé, je laissai faire mon père. Il m'autorisa à dormir près de lui, m'enveloppa de son manteau et surveilla mon état toute la nuit.

Je me rétablis. Mais mes frères et moi n'eûmes plus le droit de rejouer dehors avant l'arrivée du printemps.

Désormais cloîtrée, je promenais ma sœur dans la pièce, lui inventais des histoires au sujet d'une famille de fourmis et faisais courir les bouts de mes doigts – devenus les pattes des insectes – sur la paume de sa main pour la chatouiller. Je m'arrêtais seulement lorsqu'elle se jetait par terre, en émettant de petits rires aigus. J'adorais faire rire Maha. J'aimais l'imiter quand son heure de manger approchait et qu'elle tapait de grands coups sur la table avec son gobelet.

Si Mère n'avait pas de travaux de couture en cours, elle nous tricotait des vêtements, confectionnait pour mes frères des chemises et des pantalons neufs à partir des tenues usagées de Père, et cousait des sacs de tissu pour conserver les herbes, les fruits séchés et les légumes. Tout en travaillant, elle écoutait des chansons et des émissions sur la radio vert courgette à piles que mon père avait achetée pour remplacer notre ancien poste.

Rasa'el Shawq (« Lettres de la nostalgie ») était l'émission préférée de Mère. Elle diffusait les récits des réfugiés palestiniens qui n'avaient pas pu retourner chez eux après la guerre de 1948 ou la guerre des Six Jours. Ils racontaient les lambeaux de leurs vies dans l'espoir que des parents, ou de simples connaissances, entendraient ces nouvelles. Moi, j'espérais entendre Hamameh envoyer son bon souvenir à Mère. Je savais que cela lui ferait énormément plaisir.

Ces auditeurs égrenaient les noms de leurs nouveau-nés, de leurs enfants qui avaient terminé le lycée, de jeunes mariés, et de parents décédés récemment. Parfois, ils éclataient en sanglots, dans l'attente de réponses et de *tasrih*, des laissez-passer. Même si je ne reconnaissais aucune des voix, je fondais moi aussi en larmes, surtout en voyant Mère pleurer en silence. Les lettres radiophoniques représentaient le seul moyen pour les réfugiés de joindre leurs familles. Nombre d'entre eux terminaient leurs messages par ces paroles : « *Tammenoona ankum* » – « S'il vous plaît, donnez-nous de vos nouvelles pour apaiser notre inquiétude ».

Puis Fairouz, la chanteuse libanaise bien-aimée, entonnait d'une voix plaintive la chanson du générique.

Sa voix était comme une main réconfortante, tendue de loin, qui atténuait la rigueur de l'hiver. C'était de nous qu'elle parlait.

Le printemps apparut avec les chants des oiseaux et les coquelicots qui oscillaient dans le vent. Mère ouvrit la porte de la maison ; je me jetai dans la chaleur, tins les fleurs rouges entre mes mains et frottai leurs pétales sur mes joues. Les points noirs nichés dans leurs corolles étaient comme de minuscules feuilles de thé que quelqu'un avait oubliées pendant l'hiver. J'en cueillis quelques-uns pour Maha.

Enroulés sur les branches des arbres, les bourgeons verts formaient des balles sur lesquelles je passai mes doigts. Tels de simples invités, les jonquilles, les arums d'Éthiopie et les tulipes ne firent qu'une courte apparition, avant de s'en aller. En revanche, les cyclamens devinrent ma propriété. Ils poussaient de sous les cailloux et ouvraient leurs épis ainsi qu'on ouvre les oreilles.

Le printemps ramena également les soldats, dont certains semblaient nouveaux. Occasionnellement, un ou deux venaient errer près de notre maison et frapper à la porte. Aussitôt, Mère courait vérifier que le verrou était bien poussé.

Mes parents avaient convenu d'un code pour que Mère reconnaisse mon père. Si les soldats se montraient à la fenêtre, elle indiquait du doigt la pièce qui contenait l'eau, dehors. S'ils insistaient, elle plissait le front, haussait les épaules et faisait des gestes signifiant qu'elle ne les comprenait pas, même si c'était faux. Après quoi, ils repartaient.

Le dernier jour d'école, Basel et Muhammad arrivèrent en courant, leurs diplômes à la main. Ils passaient tous deux dans la classe supérieure. Transportée de joie, Mère battit des bras comme si elle avait des ailes et les tendit pour étreindre mes frères.

Nous fîmes un pique-nique dans le jardin de derrière, où Basel et Muhammad nous montrèrent leurs certificats et leurs notes. Un Alif voulait dire « excellent ». Pour fêter leur succès, mon père acheta des pâtisseries – *goullach* et *konafa*[1]. Maintenant,

1. Comme la plupart des pâtisseries palestiniennes, fourrées soit de fromages sucrés, de dattes, d'amandes, de noix ou de pistaches, la konafa est garnie de fromage, saupoudrée de pâte en forme de cheveux d'ange et nappée de sucre. C'est une spécialité de la ville de Naplouse.

je n'avais plus que l'été à patienter avant d'aller à l'école chaque matin avec eux. Mais l'été nous réserva d'étranges surprises.

Balad

– Le moment que nous attendions avec impatience est venu, déclara un soir Père à Mère, en buvant son thé sucré à la menthe. Puisque Basel vient d'avoir huit ans et Muhammad sept ans, nos garçons sont assez grands pour être circoncis.

Mère lui répondit par un sourire.

– Nous allons organiser une grande fête en leur honneur, annonça Père.

– C'est quoi, la circoncision ? demandai-je.

J'avais déjà entendu ce terme, sans jamais réellement le comprendre. Ma question flotta dans le silence et resta suspendue en l'air telle une bulle. Mère l'éluda en ajoutant que seuls les garçons étaient circoncis.

– Qu'est-ce qui arrive à un garçon quand on le circoncit ? s'enquit Muhammad, inquiet.

Mère se tourna vers Père. Pour seule réponse, il expliqua que c'était quelque chose que le grand prophète Abraham* avait fait avec ses fils, Ismaël et

Isaac. Honorant Abraham, les Musulmans et les Juifs circoncisaient leurs garçons.

Afin d'annoncer ces festivités, mes parents décidèrent de rendre visite à notre famille, qui vivait en grande partie dans des villages. Ceux-ci étaient tous surnommés *balad*, lieu d'origine, parce que les gens y menaient une vie traditionnelle, contrairement à nous, citadins. Les habitants se connaissaient si bien que chaque maison, chaque verger et même chaque puits portait un nom indiquant son propriétaire.

Pour mes frères et moi, aller au *balad* signifiait bien s'amuser. Nous mangerions toutes sortes de fruits directement des arbres, attacherions une corde à un poirier et nous balancerions, et chevaucherions des ânes ou des chevaux. Je fabriquerais des bracelets pour ma sœur et moi en enfilant des glands verts sur des fils. La date de la circoncision fut fixée au vendredi suivant notre retour à la maison.

Le jour du départ, nous nous réveillâmes plus tôt que nos parents. Il fallut nourrir les chèvres et les poulets, remplir à ras bord les bidons de céréales et d'eau et attendre dehors avec impatience que Père et Mère nous rejoignent. J'adorais rendre visite à Grand-Mère Fatima, parce que tout le monde affirmait que je lui ressemblais. Elle était belle et forte. Droite comme un pilier, elle était capable de marcher plus d'un kilomètre et demi avec une jarre d'eau en équilibre sur la tête, sans en renverser une seule goutte.

– Ce n'est pas risqué de laisser la maison inoccupée ? s'interrogea Mère à voix haute.

Elle craignait que les soldats ne remarquent notre absence. Ils risqueraient alors de transformer notre maison en cachette pour leur entraînement, de piétiner le jardin et d'utiliser la réserve d'eau en oubliant de remettre le couvercle dessus. Personne ne les verrait puisque notre maison était isolée. Pourtant, nous n'y pouvions pas grand-chose, à part verrouiller la grande porte d'entrée et fermer les volets métalliques.

Nous prîmes le car de Ramallah à destination de la ville de Beit Hanina.

– Ne bougez pas, nous ordonna Mère.

Mais moi, j'aimais bien regarder les autres petites filles. Nous étions toutes vêtues de vêtements neufs, propres, aux couleurs vives, et nous remuions les pieds, admirant nos chaussures reluisantes, comparant nos rubans dans les cheveux, nos chaussettes blanches et, surtout, nos colliers et nos bagues en plastique ou en étain. Les vitres étaient ouvertes à la brise chaude et à la poussière de la route. Le car effectua de multiples arrêts.

Nous descendîmes au carrefour de Beit Hanina et attendîmes une correspondance pour Nabi Samuel, le village où mon père était né. Comme toujours, il nous acheta des glaces à la boutique de Mufid, et Mère nous montra du doigt une demeure de deux étages située sur l'axe Beit Hanina-Jérusalem, en me rappelant que c'était là que j'avais vu le jour.

– Dar Thehaibeh, avait-elle l'habitude de dire, se souvenant du nom de la propriétaire.

Voir cette maison me comblait toujours de joie.

Nous ne tardâmes pas à prendre la route pour Nabi Samuel. Ce village se situait sur une colline à la pente abrupte, précédée d'un ensemble de petits coteaux. Le vieil autocar entreprit lentement son ascension, et tandis que le chauffeur manœuvrait les vitesses et l'accélérateur, le véhicule donnait l'impression de risquer à tout moment de dévaler la pente. Puis, parvenu au sommet d'une première hauteur, il hoqueta dans un mouvement en avant ; je m'agrippai à mon siège et priai. Le car descendit l'autre versant à toute allure, plus vite que le conducteur ou moi-même ne le souhaitions.

Nabi Samuel tient son nom du prophète Samuel[1], que l'on croit enterré là. Une mosquée construite en son honneur se dresse sur le point culminant de la colline. Le village semblait ne compter qu'une poignée de maisons – Père nous apprit que la plupart des habitants (en grande partie des parents à nous) avaient fui les guerres. Il connaissait les noms de presque tous les villageois, qu'ils résident encore là

1. XIe siècle avant J.-C. Il est le dernier des juges (chef guerrier au sens biblique) d'Israël. Deux livres bibliques portent son nom.

ou pas. Il était capable de parcourir l'arbre généalogique de Nabi Samuel aussi facilement que mes frères et moi grimpions dans notre figuier. Il nous racontait d'innombrables histoires au sujet de nos tantes, de nos oncles et de dizaines de cousins que nous n'avions jamais rencontrés.

Lorsque le car ne put se rapprocher davantage du village, nous descendîmes. Alors que nous finissions le trajet à pied, je levai les yeux vers le minaret qui fendait le ciel – on aurait dit le corps d'un oiseau en plein vol. De légers sifflements accompagnaient le flux et le reflux du vent. Comme si les arbres murmuraient des secrets.

Nous ayant vus de loin, tante Rasmeyyah, la sœur aînée de Père, se précipita à notre rencontre, suivie de ses fils. Après d'interminables embrassades, elle s'étonna de constater combien nous avions grandi depuis notre dernière rencontre. Puis Père nous emmena, mes frères et moi, faire une promenade.

Nous allâmes d'abord à la mosquée. Nous nous arrêtâmes à quelques mètres de l'entrée, sur la droite, devant les tombes de Grand-Père Hussein et Grand-Mère Sarah, les parents de Père. Nous récitâmes une prière pour leurs âmes. Ils étaient tous deux décédés avant ma naissance. Deux colliers formés de pierres blanches ornaient le pourtour de leurs tombes.

– Grand-Mère Sarah était-elle jolie ? demandai-je à mon père.

Il me répondit qu'elle était petite et mince ; elle possédait des yeux de biche marron en amande et un doux sourire. Je dis *Marhabah* à ma grand-mère, « salut », et lui parlai comme si elle se tenait debout devant nous.

– Mes frères ont très bien travaillé à l'école cette année, l'informai-je.

Puis je suivis mon père et mes frères en haut de l'escalier en colimaçon du minaret. Une seule personne à la fois pouvait tenir sur les marches minuscules. Me courbant pour franchir une porte basse, je me retrouvai sur un étroit balcon circulaire, qui rappelait la forme d'un bracelet. Nous restions aussi loin que possible du bord, nos corps collés à la tour. La balustrade tremblait quand nous la touchions. Je savais que le balcon n'était pas destiné à contenir plus d'un visiteur. Pourtant, chaque fois que nous visitions Nabi Samuel, mon père tenait à ce que nous admirions la splendeur magnifique du paysage s'étirant dans toutes les directions, de la même manière qu'il l'avait fait longtemps auparavant, enfant.

Des oiseaux s'envolaient des cimes dansantes des arbres en contrebas, et de nombreuses villes lointaines scintillaient sur l'horizon lumineux, chacune pourvue d'un minaret pointé vers le ciel, tel un crayon sur une page. Traversant Beit Hanina, les véhicules qui brillaient sous le soleil brûlant étaient si petits que j'avais l'impression de pouvoir les ramasser dans une main et les fourrer tous dans ma poche. Maha aurait été très excitée.

– Savez-vous que, jadis, un homme est tombé de ce minaret sans se blesser ? nous demanda Père d'un ton songeur.

Nous fûmes stupéfiés, tant la tour était haute. Nous demandâmes en chœur :

– Comment ça se fait ?

– Il a atterri sur le dos d'un âne, expliqua Père. Et ensuite, l'animal a ramené l'homme chez lui.

– Comme un taxi ? raillâmes-nous en riant.

Père nous assura qu'il croyait à cette histoire ; Dieu était capable de n'importe quel miracle – Dieu avait peut-être envoyé l'âne comme il avait envoyé le bélier pour sauver le fils du prophète Abraham, ainsi que le racontait le Coran.

Je pensai alors à Dieu. J'ignorais qui Il était réellement parce que, toutes les fois que je posais des questions sur Lui (qui étaient Ses parents, à quoi Il ressemblait...), mon père me répondait que personne ne connaissait l'apparence de Dieu. Mais qu'Il avait créé toutes choses.

– Et qui a créé Dieu ? demandai-je ensuite.

– Personne, me répondait habituellement mon père. Les esprits des gens sont trop simples pour saisir la nature infinie de Dieu, ajoutait-il.

Regardant le paysage de cette hauteur, je me dis que Dieu devait être gentil pour avoir envoyé un bélier et un âne afin de sauver un petit garçon et quelqu'un qui avait chuté d'un minaret. Je me souvins alors de Souma, mon ami l'âne. J'imaginai l'animal dont parlait mon père se trouvant là, au pied de la mosquée, comme le mien s'était trouvé dans le refuge pendant la guerre. M'avait-il été envoyé pour me sauver ? Pourtant, Souma et moi étions maintenant dans des mondes différents. De plus, comme moi, il devait avoir grandi. Le reconnaîtrais-je si je le voyais ? Et lui ?

Plus tard, pendant le festin que nous avait préparé tante Rasmeyyah, de nombreux visiteurs vinrent nous saluer, et mes parents les invitèrent à la fête de la circoncision, qui devait avoir lieu dix jours plus tard. Ils regardaient mes frères, leur tapaient sur l'épaule en expliquant que la circoncision transformait les garçons en hommes.

Avant de partir, nous visitâmes les champs que Père possédait sur l'un des versants du village. Quelqu'un avec qui il avait fait un arrangement s'en occupait. C'était la saison des prunes juteuses jaunes et violettes, des oliviers regorgeant de fruits et des vignes qui, exposées en plein soleil toute la journée, portaient des raisins déjà mûrs. Chaque champ avait un nom, comme une personne ou une ville. La portion de terrain plat au pied de la colline s'appelait Thaher Emran, Dos d'Emran, parce qu'elle faisait penser au dos d'un homme allongé sur le ventre.

Thaher Emran était planté de blé. Les tresses de graines dorées ondoyaient telles des mains me pressant de m'approcher. Les épis les plus tendres paraissaient de longs cils contre ma peau.

Père nous conduisit ensuite à un champ de tournesols dont les tiges nous dépassaient, mes frères et moi, et même notre père. Je disparus sous un ciel jaune de pétales et de disques. Des épouvantails battaient l'air en de nombreux endroits, tels des danseurs pourvus de vestes et de chapeaux, leurs têtes couronnées d'audacieux corbeaux.

Au moment de partir, mon père trouva un casque de soldat abandonné, transpercé d'une balle. L'eau s'y était accumulée, et le casque était rouillé. Il l'enterra dans une petite tombe et prononça une bénédiction pour l'âme qui avait dû être emportée par le projectile.

Devant les champs pourpres de Nabi Samuel, Père semblait triste. De nombreuses personnes affirmaient qu'une grande partie des villes et des villages palestiniens seraient bientôt confisqués par le gouvernement israélien. Mon père ramassa une poignée de la terre sèche et rouge et la regarda fixement pendant un long moment.

L'après-midi, nous reprîmes l'autocar en direction de Beit Iksa, la ville située dans une vallée en dessous de Nabi Samuel, où vivaient Grand-Mère

Fatima et notre arrière-grand-mère Jamila. Les habitations étaient regroupées autour de l'unique rue du village. Le reste de la terre était occupé par des vergers produisant des amandiers, figuiers, pommiers, pruniers et poiriers, ainsi que par des vignobles. Un eucalyptus géant et un puits à eau, le Bir El-Shami, signalaient le talus menant au champ au bout duquel se trouvait la maison de Grand-Mère Fatima.

Avant d'arriver à Beit Iksa, Mère nous rappela que nous devions être très sages avec nos grand-mères, et ne prendre qu'un bonbon si l'on nous en proposait. Elle disposait d'un code silencieux pour communiquer avec nous lorsque nous allions chez des gens ou recevions des invités. Si elle se mordait les lèvres, cela signifiait : « Arrêtez de parler. » Si elle ouvrait grand les yeux et nous lançait des regards furieux, cela voulait dire : « Je vous vois et vous devez cesser immédiatement ce que vous êtes en train de faire. » Elle possédait toute une panoplie de regards, de mimiques et de gestes pour nous intimer de manger, d'arrêter de manger, de nous asseoir, de quitter la pièce ou d'aller chercher Père. Et surtout, Mère nous interdit de nous approcher du puits.

Comme toutes les femmes de Beit Iksa, Grand-Mère Fatima était vêtue d'une longue robe noire brodée de fleurs roses, rouges, blanches et vertes. Quand je lui demandai pourquoi elle portait toujours le même style de robe, elle me répondit que les

Palestiniennes brodaient ces motifs sur leurs vêtements depuis des centaines d'années. On pouvait dire de quelle ville venait une femme d'après les couleurs et le style des fleurs brodées sur sa robe. Grand-Mère entourait sa taille fine d'une large ceinture et couvrait ses longues nattes d'un foulard blanc.

Sa maison consistait en une seule pièce. Elle dormait dans un coin, cuisinait et nettoyait dans un autre, avait installé un placard et une penderie dans le troisième. Dans le quatrième, étaient disposés des coussins sur lesquels elle s'asseyait avec ses invités. Les fenêtres étaient vieilles et les grilles rouillées. Mais, grâce à la brise parfumée des fraîches senteurs du verger qu'elles laissaient passer, la pièce paraissait neuve et belle.

Les friandises que Grand-Mère faisait cuire dans son foyer de pierres et de boue se trouvaient dans un panier suspendu au plafond, à l'abri des fourmis. Nous le repérâmes aussitôt. Grand-Mère sourit, tendit la main, en sortit quelques biscuits à l'anis qu'elle confectionnait souvent et nous les servit avec du thé.

Grand-Mère travaillait toute la journée sur sa terre et dans les vergers qu'elle avait « adoptés », selon son expression. Elle disait que ceux de sa famille lui manquaient. Ils étaient situés à Kharrouba – le village qu'elle avait fui avec Grand-Père Hammoudeh, Mère, ses autres enfants et la totalité des habitants, lors de la guerre de 1948. Pourtant, Grand-Mère possédait toujours la clé de son ancienne maison, qu'elle avait accrochée au mur, où elle pouvait la voir chaque jour.

Grand-Mère aimait les arbres de tout son cœur, peut-être de la même façon que j'aimais Zuraiqee.

– Ils font partie de ma famille, m'assurait-elle.

C'était vrai. Les pommiers, poiriers, figuiers, sumacs, abricotiers, amandiers et pêchers plantés à quelques mètres de sa porte avaient l'air en bonne santé.

– Ça, c'est des animaux ou des fruits ? me renseignai-je, frottant ma peau contre le duvet des pêches.

– Ni l'un ni l'autre, rétorqua-t-elle en s'esclaffant. Ce sont des enfants.

Sur ce, elle mordit dans l'un des fruits pour me taquiner, me faisant rire moi aussi. Elle avait aussi des poulets et des lapins. Des pigeons s'alignaient sur les rebords du toit de sa maison tels des stores à l'italienne.

Mais la personne la plus importante de la famille était sa propre mère, notre arrière-grand-mère Jamila. Celle-ci habitait dans une maison à part, à quelques minutes de là. Comme nombre de femmes de son âge, elle avait le dos des mains, le menton et le front tatoués. Elle marchait courbée et était aussi ridée qu'un nouveau-né. D'ailleurs, elle dormait autant qu'un bébé. Lorsque les jeux bruyants de mes frères et moi la réveillaient, elle nous appelait pour que nous entrions la voir. Nous nous asseyions au pied de son lit, puis sautions dessus comme sur un trampoline. Bien que trop fragile pour notre chahut, elle nous laissait toutefois continuer, arborant un sourire édenté, ses grands yeux du bleu infini d'un ciel d'été pétillant de plaisir.

Tenant ma sœur par la main, Mère nous rejoignit. Elle annonça que Père était parti inviter d'autres parents et amis à la circoncision. Elle nous demanda d'aller jouer dehors.

Mes frères et moi savions que Mère serait bientôt occupée à bavarder avec notre arrière-grand-mère Jamila. Personne ne nous regarderait. Alors, bravant les interdictions de nos parents, nous convînmes tous les trois d'aller jeter un coup d'œil au Bir El-Shami.

À la différence des autres puits, celui-ci était si profond qu'il ne s'asséchait jamais. Quand la pluie cessait, une nouvelle source l'alimentait. Il était pourvu d'une petite ouverture mais n'avait pas de couvercle. Un seau en caoutchouc noir attaché à une longue corde gisait tout près. Les paroles de Mère à l'esprit (« notre tête est plus lourde que l'on ne pense »), nous nous étendîmes sur le sol avant de regarder dans le fond.

Le miroir liquide réfléchissait nos visages. Nous prononçâmes les prénoms de chacun et dans l'écho qui nous parvint, nos voix parurent plus vieilles. Nous jetâmes de minuscules cailloux à l'intérieur. La surface de l'eau nous fit une sorte de clin d'œil, autour duquel se propagèrent des rides, pareilles aux feuilles d'un chou géant.

Tout à coup, nous perçûmes le cri de Mère :

– Où sont les enfants ?

Nous demeurâmes silencieux. Nous savions cependant qu'elle ne tarderait pas à nous trouver et qu'elle nous chasserait du puits. Nous laissâmes pendre nos têtes aussi bas que possible ; nos corps devinrent de plus en plus légers, nos têtes de plus en plus lourdes.

La voix de Mère se rapprochait. Elle nous appelait. Mais l'eau nous appelait encore plus fort. Toujours allongés, nous étions muets, nos esprits partagés entre deux univers, jusqu'à ce que les bruits de pas de Mère résonnent tout près de nous. Tremblants d'anxiété, nous avions l'impression de perdre l'équilibre. Incertains quant à la suite des événements, nous nous cramponnions au bord du puits, le regard braqué sur l'eau. Maintenant apeurée, j'avais envie de pleurer. Quand Mère nous parla enfin, ce fut d'une voix basse, étrange. Elle nous supplia de ne pas bouger. Nous lui obéîmes. Puis elle nous mit hors de danger en nous aidant à reculer.

En rentrant à la maison derrière Mère, nous tentâmes en chuchotant de traduire par des mots l'impression que nous avions eue lorsque nous avions fixé l'eau. Mais c'était indicible. Seul le silence pouvait l'exprimer.

Mère était si heureuse que nous ayons échappé au Bir El-Shami qu'au lieu de nous gronder et de nous frapper, elle tendit les bras, nous attira à elle et nous serra très fort. Ses avertissements à propos des chutes mortelles de nombreuses personnes dans des puits étaient devenus inutiles. Maintenant, nous étions parfaitement conscients du danger.

Circoncision

À notre retour, Zuraiq sembla sentir quelque chose d'étrange lorsque Père se dirigea vers lui. Il sautait, s'éloignait au milieu des rochers, prêt à détaler. Avait-il compris ce que venaient d'annoncer mes parents ? On allait le tuer pour le manger lors de la circoncision !

– Non ! hurlai-je avec mes frères. Tu nous avais promis de le garder pour nous. Tu avais promis.

Nous bombardâmes Père de questions et l'accusâmes violemment de ne pas tenir ses promesses.

– Si, j'ai tenu ma promesse, objecta-t-il. Je n'ai vendu Zuraiq à personne.

Il se défendit en déclarant qu'il n'avait pas les moyens d'acheter toute la nourriture prévue pour le festin et la fête. Mais le festin, la fête et la circoncision n'étaient rien comparés à Zuraiq, membre à part entière de notre famille.

– Il faut que vous disiez au revoir à ce chevreau et que vous le conduisiez dans l'abri, nous ordonna Père.

Il savait que Zuraiq n'écoutait que mes frères et moi.

Après avoir échangé un regard, sans un mot, nous nous élançâmes en direction de Zuraiq, en criant :

– Sauve-toi ! Pour toujours ! Ne reviens jamais vers le couteau qui t'attend.

Mais notre cabri crut à un jeu. Il s'approcha lestement, ses oreilles battant contre ses joues tandis qu'il secouait la tête et se frottait contre nos mains ouvertes.

– Vas-y ! l'exhortai-je.

Mes frères démarrèrent à toute vitesse dans l'espoir qu'il les suivrait. Et moi, je courus après lui pour qu'il continue d'avancer. Parvenus assez loin de la maison, nous changeâmes soudain de direction, en nous éloignant encore de Zuraiq et en lui jetant des cailloux. Cela ne le dissuada pourtant pas de galoper derrière nous, comme si une ficelle invisible le reliait à notre trio. Il devint évident qu'il était impossible de chasser le chevreau. Notre seul espoir était donc que notre père change d'avis.

En nous tenant toujours au loin, nous criâmes que nous ne rentrerions pas à la maison avant qu'il nous certifie qu'il ne tuerait pas Zuraiq. Mon père s'esclaffa en lançant les bras en l'air puis se tourna vers Mère.

– Apparemment, ils se prennent pour les enfants d'un roi puisqu'ils nous croient assez riches pour garder une chèvre comme animal domestique toute sa vie.

– Mais c'est toi qui le leur as promis, le réprimanda-t-elle.

– Je voulais qu'ils soient heureux, au moins pour un moment, se justifia-t-il. Mon père à moi ne m'aurait jamais permis d'avoir une chèvre comme animal de compagnie, même pas pour une journée.

Il ramassa une pierre et la lança au loin. Les bras croisés sur nos poitrines, mes frères et moi espérions toujours que nos parents épargneraient la vie du chevreau.

– Je ne le tuerai pas, annonça soudain Père.

Nous sautâmes de joie, mais nous exigeâmes des garanties.

– Yamma, peux-tu nous assurer que Yaba ne tuera pas Zuraiq ? cria Basel.

– Je vous l'assure, répondit Mère.

Nous rentrâmes donc à la maison tout ragaillardis, notre cabri sur les talons.

Mais à l'instant où le chevreau se trouva à portée de main de notre père, celui-ci l'attrapa et lui passa une corde autour du cou. Il le mena dehors, ferma la porte à clé et nous ordonna de rester à l'intérieur. Accourus à la fenêtre, nous explosâmes :

– Pourquoi ?

Père n'avait pas de réponse. Il se contenta de détourner les yeux. Nous nous étions fait piéger.

– Écoutez, nous dit Mère, se tournant vers nous d'un air sévère. On ne peut pas reporter la date de la circoncision et d'ici peu, les invités seront là.

Ceci était-il donc la dernière heure de Zuraiq ? Je ne pouvais pas imaginer de le perdre. J'avais le sentiment qu'il m'aimait plus que personne. Frappant le mur de mes poings et pleurant à tue-tête, je savais que je devais essayer quelque chose afin de l'aider. Je tentai de négocier avec ma mère.

– Laisse-lui encore une journée ! Je ferai toutes les corvées que tu voudras.

Mais je vis dans son regard que c'était peine perdue.

Lorsqu'elle se retourna pour sortir, mes frères et moi l'implorâmes de nous autoriser à dire adieu à Zuraiq et à rester auprès de lui jusqu'au dernier moment. Agitant l'index pour nous dissuader de causer des problèmes, elle ouvrit la porte.

Nous nous dirigeâmes en silence vers Zuraiq, ahuris de savoir ce qui était sur le point de se produire. Nous lui prîmes la tête entre nos mains pour l'embrasser et lui dire que nous l'aimions. Une dernière fois, il chevrota son amour envers nous. Nous tenant fermement les mains, nous nous plaçâmes le dos au mur.

Père attacha les pattes de Zuraiq à l'aide de petites cordes, le renversa, lut des prières au-dessus de lui et, avec l'aide de Mère, lui trancha la tête. Le sang gicla en tous sens. Effondrés, nous étions en larmes.

– Je regrette de vous avoir fait cette fausse promesse, déclara Père.

Il se maudit. Mais ses excuses ne changeaient rien.

Zuraiq fut suspendu à un arbre pendant plusieurs heures tandis que Père le dépouillait lentement. Enfermée dans l'abri, la mère du chevreau, bien que n'ayant pas vu l'abattage de son petit, cognait violemment ses cornes contre la porte. Une fois dehors, elle avait les yeux écarquillés et rouges comme des plaies. Elle tendit son poitrail ainsi qu'un arc, leva la tête et hurla son chagrin vers le ciel des heures durant. Je regrettais de ne pouvoir faire de même.

Ensuite, Père fendit le corps de Zuraiq. Mère nettoya les intestins, qu'elle accommoderait plus tard avec des épices et du riz. Elle mit le cœur de côté et je le tins, toute tremblante. Je ne pouvais plus m'arrêter de pleurer.

Mère recouvrit la peau de Zuraiq de sel et la fit sécher au soleil. Elle ferait une descente de lit ou une couverture pour l'hiver – nous garderions au moins cette partie de Zuraiq.

Le jour de la circoncision, Grand-Mère Fatima et les autres femmes arrivèrent tôt pour aider Mère.

Elles frottèrent le carrelage et les vitres jusqu'à ce qu'ils pépient comme des oiseaux lorsqu'elles passaient leurs mains dessus. Elles accrochèrent au plafond des ballons jaunes, orange et rouges et des lanternes en papier brillant. Enfin, elles alignèrent dans la cour de devant les dizaines de chaises que l'on nous avait prêtées.

Sur le haut du placard se trouvaient des paniers remplis de bonbons qui scintillaient dans des emballages argentés et dorés, telles des étoiles lointaines. Une fois la circoncision accomplie, Mère me les donnerait. Je devrais alors en proposer une poignée à chaque invité.

Les femmes préparèrent du *mansaf*, le repas traditionnellement servi aux mariages et aux fêtes de circoncision. Dans un grand plateau appelé *seder*, elles étalèrent de fraîches galettes de pain, y déposèrent une couche de riz jaune au safran, qu'elles arrosèrent ensuite de yaourt *jameed*. Puis elles recouvrirent le tout de viande, de pignons de pin et d'amandes.

Nos parents de Nabi Samuel, de Beit Iksa et d'autres venus de Jérusalem, les collègues et les amis de Père, les amis et les clients de Mère commencèrent tous à arriver chez nous. Les vieux portaient des vêtements longs traditionnels, semblables à des robes, et avaient couvert leurs têtes de foulards *hatta* blanc et noir.

Les femmes avaient souligné leurs yeux de khôl noir, certaines s'étaient peint les lèvres et les ongles. Elles étaient toutes vêtues de robes noires brodées de motifs aux couleurs vives, cousues d'innombrables points de la taille d'un granule de sucre. Grand-Mère avait mis des mois à broder la sienne. Les femmes comparaient le temps passé à confectionner leur ouvrage. Elles comparaient également l'épaisseur et la qualité artistique des bijoux et des bracelets en or de leurs dots. Les plus riches en avaient les bras chargés, des poignets aux coudes. Mère possédait seulement six bracelets, une paire de boucles d'oreilles et un collier.

Dès qu'une invitée pénétrait dans la cour, elle poussait des youyous[1] – signe qu'elle partageait notre joie. Celles qui se trouvaient déjà à l'intérieur de la maison lui répondaient par ces mêmes cris aigus, longuement modulés. Leurs voix se mêlaient en un chant tonitruant qui atteignait les nuages.

Une fois que la plupart des convives furent arrivés, un homme battit du tambour dans le jardin, appelant chacun à danser. Les hommes et les femmes levèrent les mains en l'air, agitèrent leurs mouchoirs, claquèrent des doigts en tapant du pied puis martelèrent le sol. Tous ensemble, ils balançaient leurs

1. Cris poussés par les femmes arabes à l'occasion de certaines cérémonies.

épaules avec joie, se mouvant en un cercle, de droite et de gauche.

Les petits enfants affluèrent au centre et dansèrent jusqu'à tomber d'épuisement, avant de se relever et de se remettre à danser. Parmi eux, Maha entrait et sortait de la ronde en courant gaiement comme un petit clown. Je m'adossai à la porte, observant alternativement la ronde des danseurs et mes frères.

Enfermés dans la maison, ils saisissaient chaque occasion de foncer vers la porte. Ils suppliaient qu'on les laisse sortir un moment, mais la foule grossissante les surveillait, de crainte qu'ils ne disparaissent avant l'arrivée de l'homme qui les circoncirait. Qu'allait-il se passer ? Personne ne voulait rien m'expliquer. Perplexe, je savais que je ne comprendrais les choses que plus tard.

Puis soudain, de l'extérieur, une voix s'éleva audessus de l'assemblée.

– Abu Qazem est arrivé.

Le cercle se transforma alors en un essaim fou et les voix qui chantaient se firent plus perçantes.

Abu Qazem marchait d'un pas pressé, un portedocuments en cuir noir à la main. Tout le monde l'accueillit avec joie. Père alla à sa rencontre et lui serra la main chaleureusement, avant de le conduire à mes frères. Je les suivis tandis que les youyous s'intensifiaient, devenant un long hululement de sirène. En voyant Abu Qazem, mes frères poussèrent de toutes leurs forces les personnes qui les entouraient et leur donnèrent des coups de pied pour s'échapper. Mais la foule leur bloquait le passage.

Muhammad fut mis à l'écart afin qu'il ne voie pas la scène, pendant que des hommes immobilisaient Basel et le déshabillaient. Basel hurla au secours. J'étais abasourdie. Voulaient-ils lui faire du mal ? Je leur criai d'arrêter, mais Grand-Mère s'approcha vite de moi et me mit sa main sur la bouche. Je la mordis.

Les hommes maintenaient fermement Basel par la poitrine pour être sûrs qu'il ne se dégage pas ni ne voie ce qui allait se produire. Moi, en revanche, je voyais pour lui. Maintenant qu'il était incapable d'émettre le moindre son, il écumait telle une casserole de lait bouillant sur le poêle.

Les femmes entonnèrent des chants de louanges de leurs voix aiguës.

Le circoncis,
Ses précieuses larmes
Trempent ses manches.
Rendez-le à sa mère.

Le circoncis,
Ses précieuses larmes
Sont un rang de perles.
Rendez-le à son père.

Pourtant, Père et Mère ne quittaient pas des yeux Abu Qazem. Il sortit une tige d'acier et mesura la longueur du prépuce qu'il allait couper. Tout en maniant précautionneusement ses ciseaux, il loua Basel pour le courage qu'il montrait à supporter la douleur provoquée par ce rituel ancestral.

– On devient homme en endurant la souffrance, affirma-t-il.

Le sang jaillit entre les mains d'Abu Qazem. Il dissimula le saignement sous du Mercurochrome et y appliqua rapidement de nombreuses couches de gaze.

Tandis que la foule entourait déjà Basel pour le réconforter, il se tourna ensuite vers Muhammad, à qui il fit subir le même traitement. J'étais très choquée.

– Distribue les bonbons, me dit Mère en me poussant du coude, au moment où Abu Qazem se levait pour quitter la pièce.

Mais Basel et Muhammad étaient les seuls à qui je désirais donner des bonbons. Je les versai tous sur eux, comme des confettis, pendant que les membres de notre famille et les invités se baissaient pour embrasser mes frères et mettre de l'argent sous leurs oreillers trempés de larmes.

On servit d'abord le repas à Abu Qazem, puis tout le monde s'accroupit autour des grands plats pour manger. Moi, je ne pus rien avaler, Basel et

Muhammad non plus. Pourtant, à la fin de la journée, Zuraiq avait disparu.

Les jours suivants, Basel et Muhammad portaient des robes amples, se lavaient le corps avec du thé frais et hurlaient d'anxiété chaque fois qu'ils ressentaient l'envie d'uriner. Ils paraissaient si vulnérables. Et ils parlaient surtout entre eux, car ils avaient éprouvé la même perte.

Je me sentis seule. Zuraiq était parti. Soudain, il me sembla que mes frères aussi m'avaient été enlevés.

L'école allait bientôt débuter ; chaque matin, je marcherais et prendrais le bus en leur compagnie. Toutefois, la joie que j'avais ressentie à l'idée d'aller en classe avec mes frères s'était atténuée. Tout paraissait différent maintenant.

L'école de filles de Jalazone

Tandis que la machine à coudre Singer soufflait en faisant des points dans mon uniforme scolaire bleu et blanc, je me demandai pourquoi mes frères, eux, n'en portaient pas. Mère m'annonça que, pour aller en classe, j'enfilerais sous cette robe un pantalon noir extensible.

– En quoi une fille est-elle différente d'un garçon, Yamma ? m'étonnai-je.

– Les garçons sont comme ton père, m'expliqua Mère, les yeux rivés sur l'aiguille qui montait et descendait. Et toi, tu es comme moi.

Cette réponse ne me convenait pas. Je me rappelai Zuraiq. C'était Mère qui était comme mon père. Ils étaient d'accord pour tuer le chevreau. Et c'étaient mes frères et moi qui avions tenté de le sauver.

Prévoyant un torrent de questions, Mère retira la robe, coupa le fil avec ses dents et plaça un tas d'épingles argentées entre ses lèvres.

– Tourne-toi, m'ordonna-t-elle.

Elle mit les manches en place, les fixa à l'aide des épingles puis repositionna le tissu sur la machine.

– Ne me pose pas d'autres questions, me supplia-t-elle. Sinon, tu vas me déconcentrer et je vais rater ton premier uniforme.

Elle pinça un autre tas d'épingles entre ses lèvres. Chaque fois que je l'interrogeais, Mère les indiquait du doigt pour me montrer qu'elle ne pouvait pas répondre.

Je m'occupai en cherchant dans *Burda*, le magazine de mode de Mère, les visages de filles que j'aimais bien. Certaines écolières que je rencontrerais deux jours plus tard, au camp de Jalazone, leur ressembleraient-elles ? Deviendraient-elles mes amies ?

Les dernières pages de *Burda* présentaient de nombreuses photos d'animaux en peluche. Une girafe attira mon attention. Son long cou se courbait comme un toboggan. J'aurais tant voulu que Mère m'en fasse une en tissu ! Elle m'avait déjà dit plusieurs fois qu'elle n'avait pas le temps de coudre des peluches. Alors, je sculptai une girafe miniature dans mon chewing-gum, fixai son cou étiré sur une allumette et la lui tendis.

– Tu n'abandonnes jamais ! s'exclama Mère en riant.

Cet après-midi-là, Mère acheva ma robe. Je la passai et enfonçai les mains dans les profondes poches latérales. Mère avait voulu en coudre des carrées, sur le devant. Mais je tenais à avoir des poches à l'intérieur de ma robe, telles des mamelles de chèvre. Je pourrais ainsi dissimuler de grosses poignées d'amandes vertes salées et de pois chiches grillés. Et les matins d'hiver, je pourrais y placer deux pierres *rathef* chaudes prélevées du four à pain. Elles me réchaufferaient tout le long du trajet jusqu'à l'école.

Avec un fier sourire, Mère me regarda marcher dans la pièce.

– Tu seras la mieux habillée de l'école, me promit-elle.

Elle sortit une boîte contenant une paire de socquettes blanches neuves, un col blanc qu'elle ajusterait à ma robe, un mouchoir blanc à garder dans ma poche et des rubans blancs pour mes nattes.

Le lendemain, elle me fit un cartable. Lorsqu'elle me le tendit, une grande tête de girafe me regardait de l'intérieur.

– Je t'aime, me murmura ma mère.

Ses paroles me firent tressaillir. C'était la première fois qu'elle me témoignait ouvertement une telle affection.

– Je veux que tu sois première en classe. (J'ignorais ce que cela signifiait.) Sois sage, écoute tes instituteurs et étudie de tout ton cœur, ajouta-t-elle, serrant fort mes mains dans les siennes. Tu te souviens de l'Alif et de sa famille ? (J'acquiesçai avec enthousiasme.) Ton professeur t'interrogera là-dessus.

Une grande partie des devoirs que mes frères avaient effectués l'année précédente avait porté sur ce sujet. J'avais tout retenu. À tel point que maintenant, je me sentais proche des vingt-huit lettres de l'alphabet arabe ; je les avais adoptées en les incluant dans ma propre famille.

La nuit précédant la rentrée, je m'assis, le regard perdu dans l'obscurité. Contre moi, la girafe était chaude. Je pensai aux longs colliers, aux chapeaux pointus en papier que je lui fabriquerais ; elle aurait aussi des boucles d'oreilles confectionnées à partir d'épingles à nourrice. Les paroles de Mère me revinrent à l'esprit. M'aimerait-elle toujours si je n'étais pas première en classe ? Je m'approchai de mon uniforme sur la pointe des pieds et le caressai un long moment. J'imaginais une salle dotée d'un tableau interminable, dans laquelle je serais la première – en classe et dans le cœur de ma mère.

Le lendemain matin, mes frères, qui s'étaient remis de leur circoncision, étaient heureux que j'aille à l'école avec eux. Ils m'assurèrent à maintes reprises que si j'avais besoin de quoi que ce soit, ils seraient tout près de moi.

Père nous donna à chacun de l'argent de poche. À l'instar de mes frères, je portais ma gourde sur une épaule et mon cartable sur l'autre. Toute la famille prit le car en direction du camp de Jalazone.

Quelques minutes seulement après notre départ, mes frères me montrèrent du doigt un long bâtiment, beaucoup plus grand que notre maison et toutes celles des Mahasreh réunies.

– C'est la caserne d'où viennent les soldats qui s'entraînent autour de notre maison, m'apprit Basel.

– Et les projecteurs, ajouta Père.

La grande bâtisse me rappela l'hôpital de Jordanie où j'étais allée après la guerre, et je refusai de m'en approcher. À l'intérieur et à l'extérieur du terrain, délimité par des barbelés, circulaient des Land Rover, toutes antennes dehors, semblables à des cannes à sucre métalliques. Vêtues de kaki, des silhouettes marchaient çà et là. À l'entrée du bâtiment flottait un grand drapeau blanc et bleu, identique à celui que portaient les soldats israéliens lorsqu'ils venaient s'entraîner près de chez nous.

Peu après cette zone militaire, nous descendîmes du car sur la route de Naplouse-Ramallah, qui séparait l'école de filles et celle de garçons. Ce second établissement se trouvait à droite, masquée par une enceinte très haute. Mon père et mes frères disparurent à l'intérieur.

Mère, Maha et moi nous rendîmes à l'école de filles, sur la gauche. De la rue, je distinguai les nombreuses fenêtres et la cour de récréation. Le mur de l'école était bas, « parce que, à la différence des garçons, la plupart des filles n'escaladent pas les murs », m'expliqua Mère. Moi, je savais que j'en serais capable si je le voulais.

La directrice, Sitt Samira, paraissait beaucoup plus âgée que Mère. Ses cheveux retombaient des deux côtés de son visage, comme des ailes. Sans un sourire, elle nous conduisit dans un minuscule bureau inondé de la lumière du matin. Trois chaises alignées devant sa table nous attendaient. Sitt Samira et Mère parlèrent de moi tandis que je me balançais sur mon siège. J'avais envie de me lever pour toucher à tous les objets de la pièce, mais si je contrariais la directrice, je risquais de ne pas être acceptée comme nouvelle élève.

Mère disait du bien de moi mais Sitt Samira l'interrompit en précisant que l'on observerait mon comportement tout au long de l'année. Tout en notant les informations nécessaires à mon inscription, elle ajouta :

– Au même titre que l'apprentissage, nous insistons sur la propreté. Si votre fille n'est pas propre, elle sera punie et priée de rentrer chez vous.

– Je la baigne une fois par semaine, se vanta Mère.

– C'est à peine suffisant pour éloigner les poux et les puces, rétorqua la directrice.

Elle fit remarquer que de nombreuses familles du camp étaient trop pauvres pour assurer l'hygiène de leurs enfants. Elles manquaient cruellement d'eau et d'espace.

– Nous exigeons toutefois la propreté, surtout chez les filles, souligna-t-elle encore.

Mère me tint la main quand nous suivîmes Sitt Samira à travers une cour carrée, vers la pièce où avaient cours les élèves de CP. La directrice frappa à la porte. À mon grand étonnement, l'institutrice qui ouvrit était blonde aux yeux bleus, la parfaite réplique – adulte – d'un mannequin de *Burda* !

Nous entrâmes et les écolières furent priées de se lever.

– Lilian, voici ta trente-sixième élève, annonça la directrice à l'enseignante.

– Souviens-toi de ce que je t'ai dit, me rappela Mère avec insistance une dernière fois.

Puis elle partit avec Maha.

Les petites filles se tenaient derrière leurs tables, alignées d'un mur à l'autre de la salle. Lilian m'adressa un petit sourire et me demanda d'aller m'asseoir dans le fond car j'étais plus grande que la plupart des autres élèves. Si les grandes s'installaient devant, les plus petites ne pouvaient pas distinguer le tableau.

Tout le monde regarda derrière, afin de voir quelle place j'allais prendre, puis se retourna pour faire face à Lilian.

– Lève la main si tu veux participer ou répondre à une question, me dit-elle en me souriant de nouveau.

Les rubans blancs qui ornaient toutes les têtes m'apparurent comme un champ de cyclamens. Ils m'empêchaient de voir complètement Lilian, que j'aimai aussitôt parce qu'elle agrémentait chacune de ses paroles d'un sourire. Elle annonça qu'elle allait nous enseigner l'alphabet et prit un morceau de craie pour inscrire la première lettre au tableau. Je levai la main et appelai à haute voix l'Alif par son nom. Quand elle écrivit le Ba et le Ta, je fis de même.

Surprise, Lilian vint dans le fond de la classe et me tendit le manuel de lecture de CP. Elle me demanda de le lire. J'en connaissais chaque lettre et chaque mot. Elle déplaça rapidement ma chaise sur le côté de la classe, plus près d'elle.

Elle écrivit au tableau et nous fit répéter les lettres et les mots après elle. Quand nous dûmes les recopier dans nos cahiers, ce fut à moi qu'elle donna ses explications en premier, avant de me demander de veiller à ce que les autres effectuent correctement l'exercice. C'est ainsi qu'à l'âge de six ans, j'aidai à faire cours à mes camarades en allant de chaise en chaise.

Chez moi, je jouais à la maîtresse et me prenais pour Lilian. Je ne frappais ni ne grondais aucun de mes élèves. Je dessinais des étoiles dans leurs cahiers imaginaires. Je les félicitais et les encourageais tous à applaudir lorsque l'un d'entre eux avait lu sans se tromper. Je permettais à ceux qui commettaient des fautes de réessayer jusqu'à ce qu'ils réussissent, puis tout le monde les acclamait. Ma sœur refusait de s'asseoir dans ma classe virtuelle, elle participait néanmoins aux applaudissements. Je ne cessais de lui répéter combien Lilian était gentille et jolie.

Dans la classe de Lilian, ou simplement lorsque je pensais à elle, je me sentais forte, comme si j'étais devenue adulte. Cependant, en dehors, de nombreuses choses continuaient de m'effrayer et de me perturber.

Six doigts

Chaque matin, à l'école élémentaire de Jalazone, nous nous mettions en rang dans la cour et nous récitions en chœur « Sourate Al-Fâtihah », le chapitre d'ouverture du Coran. Connaissant le court passage sur le bout des doigts, j'attendais avec impatience la lecture en groupe. Les mots avaient un goût frais quand ils étaient prononcés à voix haute ; ils me donnaient le sentiment d'appartenir à la communauté des filles de Jalazone, de la même manière qu'une goutte d'eau appartient à la pluie.

Le flot de nos voix me rappelait souvent les soldats positionnés près de notre maison. Eux aussi chantaient. En revanche, à la différence des écolières, ils marchaient au pas de façon bruyante. J'étais curieuse de savoir s'ils priaient. Étaient-ils comme nous – demandaient-ils quotidiennement à Dieu de leur indiquer le droit chemin ?

Mais mon exaltation matinale était interrompue par l'obligation de boire le lait de l'UNRWA[1]. Je prenais la tasse en plastique que je gardais attachée à ma ceinture et attendais mon tour. Ensuite, je regardais le lait – véritable punition liquide – remplir la tasse. Il était écœurant. Son goût n'avait rien à voir avec le lait que nous donnait notre chèvre. Au moindre battement de paupières de mes instituteurs, je tentais de le renverser quelque part, ou bien de le donner à une autre élève que le goût ne gênait pas. Elle était beaucoup plus grosse que moi. Je savais que c'était à cause de tout ce lait qu'elle acceptait des autres filles.

Venaient ensuite les gélules d'huile de foie de morue.

– Ne mâche pas les gélules, et tu ne sentiras pas l'huile, se conseillaient les écolières entre elles.

Les enseignants nous surveillaient de près pour être sûrs que nous avalions bien tout ce que les Nations unies nous avaient fourni.

Lors de l'examen de propreté, à l'instar des autres filles, je tendais les mains et montrais mes ongles. S'ils étaient longs, je tentais de les couper avec mes dents au dernier moment. Ensuite, une élève plus âgée nous faisait une raie dans les cheveux. Soulevant chaque natte, elle inspectait soigneusement notre nuque. S'ensuivait une gifle si

1. Office de secours et de travaux des Nations unies pour les réfugiés de Palestine au Proche-Orient.

le professeur constatait la présence de puces ou de poux. Le seul bruit de cette claque me donnait envie de rentrer sous terre ; je regrettais de ne pouvoir devenir invisible et disparaître du rang.

Les écolières touchées par ces parasites restaient dehors. Un homme muni d'une pompe à pesticide DDT[1] vaporisait leurs cheveux ainsi qu'il aurait traité des plantes. Déjà pâles de honte, et maintenant recouvertes de poudre blanche, elles ressemblaient à de vieilles femmes tristes.

– C'est pour vous enseigner la propreté, expliquait l'instituteur.

– Et quand vous serez dans les classes supérieures, vous devrez baisser votre pantalon. Quelqu'un vous reniflera afin de s'assurer que vous avez pris un bain, nous avertissait l'élève responsable de l'examen de nos cheveux.

– Mais nous avons très peu d'eau dans le camp, chuchotaient les écolières en larmes.

La plupart de nos enseignants ne vivaient pas au camp. Ils venaient de Ramallah ou d'autres villes et villages. Comment pouvaient-ils comprendre leur situation ?

Je veillais à ce que Mère lave souvent mes vêtements. Les jours où elle avait oublié de le faire, je pendais ma robe et mon pantalon à la corde à

1. Pesticide puissant et très toxique, interdit dans de nombreux pays à l'heure actuelle.

linge, les exposant au vent. Je les reniflais avant de les enfiler. S'ils ne sentaient pas bon, je persuadais ma mère de me laisser manquer l'école, plutôt que de subir l'humiliation d'être renvoyée à la maison.

Sous le soleil de fin d'après-midi, Mère et moi nous installions dans le jardin de derrière. Je me pelotonnais sur ses genoux et elle me brossait les cheveux. Elle traquait les poux et les puces. Si elle en trouvait, elle faisait courir ses ongles le long du cheveu en question et tirait dessus. Puis elle écrasait le parasite, pendant que je me contorsionnais et hurlais.

Je sentais le souffle de Mère dans mes oreilles lorsqu'elle me déconseillait de m'asseoir près des filles de Jalazone.

– Les puces sautent de leurs têtes à la tienne, me prévenait-elle. Elles risquent d'infester tes cheveux.

Mère me défendait d'aller chez les autres élèves.

Mais mes camarades de classe venant principalement du camp, j'avais envie de savoir à quoi ressemblaient leurs mères, leurs maisons ainsi que les vêtements qu'elles portaient après l'école. Nawal, dont le père était le doyen des réfugiés, affirmait que sa famille possédait l'unique poste de télévision de Jalazone. Comme je n'en avais jamais vu, j'étais piquée par la curiosité. De plus, Ilham, qui avait les cheveux plus longs que les miens, tenait à ce que je me rende chez elle. Et moi, je voulais rencontrer la mère de Nofaleyyah, pour vérifier si elle avait six doigts à une main, comme sa fille.

En général, Nofaleyyah cachait son doigt en trop. Mais je le remarquais lorsque je devais l'aider à un exercice d'écriture et qu'elle sortait sa main de sa poche pour saisir son crayon. Penchée sur son cahier, retenant sa respiration, elle le poussait comme une canne qui l'aurait aidée à marcher entre les lettres. Trop court pour se coller aux autres, il dépassait légèrement près de son auriculaire. La frustration de Nofaleyyah transparaissait dans sa main qui tremblait. Si je patientais sans rien dire, elle se remettait à sa tâche. Un jour, je lui demandai si elle voulait bien que je touche son sixième doigt. Elle accepta, à contrecœur.

– Mais ne dis à personne que je t'ai laissée faire, m'implora-t-elle.

Je promis. Dépourvu d'os, ce doigt mou ressemblait à de la pâte à pain.

Contrairement à moi, Nofaleyyah parlait peu et ne participait jamais aux jeux de groupes. Cependant, parfois, durant la récréation, elle me proposait de marcher avec elle autour de la cour. Courir la fatiguait, m'expliqua-t-elle. Lors de ces promenades, elle était très bavarde. Je ne comprenais pas grand-chose à ses histoires car sa voix était faible et elle était pétrifiée de terreur si je lui demandais de répéter. Une partie de moi s'inquiétait au sujet de Nofaleyyah, qui ressemblait à une personne âgée dans un corps de petite fille.

L'école de Jalazone me plut dès le départ. Les écolières m'apprirent de nombreux jeux que mes frères ne connaissaient pas : la marelle, l'équilibre et même la marche sur les mains, la corde à sauter et les jeux de mains accompagnant les comptines. Elles me montrèrent aussi comment plier des feuilles de papier pour fabriquer des bateaux, des animaux, des masques, des oiseaux, des lanternes et de nombreux autres objets. Toutes les filles faisaient des bracelets de l'amitié, à partir de fils plastiques et textiles aux couleurs vives. J'appris donc des tas de façons de créer mes propres bijoux. Et après avoir observé les bulles de chewing-gum de plusieurs camarades, je fus capable d'en faire de la taille d'un pamplemousse. J'imitais aussi certaines élèves qui retournaient leurs paupières.

J'aimai encore davantage l'école de Jalazone durant la grossesse de Mère. Désormais, elle marchait lentement et grossissait, comme notre chèvre. Elle parlait avec agitation, me confiant de nombreuses corvées. Moi, je voulais étudier ou aller jouer avec mes frères dehors.

– Eux, ce sont des garçons ! me criait-elle.

Je ne compris jamais pourquoi un garçon avait le droit de s'amuser dehors alors qu'une fille devait rester travailler à l'intérieur.

Mère ne m'écoutait plus quand je parlais de l'école. Elle se contentait de me poser de rapides questions. Si elle pensait que je mentais, elle ouvrait ma main droite, y collait son nez un instant et faisait mine de détecter l'odeur de la vérité. Elle prétendait également que, pendant mon absence, les oiseaux lui rapportaient mes faits et gestes. Je ne la croyais pas. Si c'était vrai, pourquoi ne lui avaient-ils rien dit au sujet de Zuhair ?

Zuhair était grand et gros, et il habitait au bout du groupe de maisons des Mahasreh, tout près de la rue Ramallah-Naplouse. Tout le monde savait que c'était le fils d'Abu Khalil. Cet adolescent qui avait laissé tomber l'école importunait souvent les gens. Chaque soir après la classe, entre l'arrêt du car et notre maison, il me dévisageait. Parfois, il faisait des gestes effrayants avec sa langue, ses lèvres, ses mains et son corps.

Un jour qu'il était adossé au mur de pierres, les bras croisés, je vis que son visage portait des marques fraîches de bagarre. Ses yeux ronds suivaient le moindre de mes mouvements. Il n'y avait que nous deux sur le chemin. Mes frères ne l'emprunteraient pas avant deux heures.

Voulant m'enfuir, je me jetai dans une rangée de buissons épineux en bordure de la route. Zuhair bondit après moi. Il me saisit le bras, m'arracha mon cartable et le porta sur son épaule. Il me fit du chantage:

– Si tu cueilles des cerises pour moi, je te rendrai ton sac et je te laisserai partir.

Mais sans attendre ma réponse, il lâcha mon cartable, me prit dans ses bras et me leva à la hauteur d'une branche.

Aussi lisses que des billes, les cerises avaient la forme de boules de chewing-gum. J'espérais que les nombreux oiseaux perchés sur les arbres iraient tout raconter à ma mère.

J'avais à peine cueilli quelques fruits que Zuhair se mit à remonter ma robe. J'ouvris les mains. Les cerises s'éparpillèrent partout. Je me débattis pour me libérer de l'étreinte de l'adolescent. Mais il me secoua et grogna que je devais lui donner d'autres cerises. Je refusai. Quand je sentis qu'il touchait ma peau, je lui enfonçai mes doigts dans les yeux et le griffai. Il retira ses mains comme s'il s'était brûlé. Il oscilla de droite et de gauche puis me souleva très haut et me jeta à terre.

Je heurtai le sol dans un nuage de poussière. Un rideau de ténèbres se ferma dans mon esprit. Une gigantesque onde de douleur me parcourut le corps. Zuhair vida mon cartable et le lança dans les buissons. Il me menaça de me tuer si je le dénonçais.

Une fois chez moi, je racontai que j'avais grimpé à un arbre pour cueillir des cerises et que j'étais tombée d'une branche. Mère ne fit aucun commentaire. Je sus alors de façon certaine que les oiseaux ne lui avaient rien dit.

Le lendemain, j'annonçai que je ne voulais plus aller à l'école à moins de pouvoir attendre mes frères pour rentrer à la maison avec eux. Je n'avais plus envie de faire le trajet seule. Mère n'était pas d'accord pour que je patiente pendant deux heures avant la fin des cours des garçons. Mais je restai sur ma décision.

Je refusai d'aller en classe et d'aider à la maison durant plusieurs jours. Je me cachai sous mon lit du matin au soir, jusqu'au moment où Mère changea d'avis et m'autorisa à attendre mes frères.

Dorénavant, Zuhair ne pourrait plus me toucher, et j'aurais deux heures de plus dans la journée, que j'occuperais comme bon me semblerait. J'étais de nouveau libre.

Boo l'éléphant

En attendant que mes frères sortent de l'école, je pénétrai furtivement dans le camp de Jalazone à deux reprises. La première fois, la route en pente raide qui menait aux maisons des réfugiés me donna l'impression de m'enfoncer dans les entrailles du monde. Je dus me pencher en arrière pour conserver mon équilibre. Un groupe de jeunes garçons gravissaient la rue en courant puis s'allongeaient et se laissaient rouler comme des tonneaux.

La plupart des habitations de Jalazone étaient des huttes bondées, certaines aussi petites que la cabane de notre chèvre. Souvent, des feuilles de zinc ou des plaques d'amiante inégales, maintenues en place par des cailloux, servaient de toit. Les huttes étaient entassées les unes sur les autres, de chaque côté d'une minuscule rue qui traversait le camp, pareil à un filet d'eau. De la menthe verte, du persil, de l'ail et des échalotes poussaient dans des boîtes de conserve rouillées devant les entrées.

De nombreuses portes restaient ouvertes. Les femmes me demandaient de qui j'étais la fille, mais je ne leur répondais pas. Peut-être connaissaient-elles Mère ? Si quelqu'un lui rapportait que je m'étais rendue au camp, elle serait tout à fait capable de m'interdire d'aller à l'école. Les réfugiées étaient occupées à des tâches ménagères. Leurs filles les aidaient, et je voyais dans leurs regards combien elles trouvaient étrange de voir une écolière errer après la classe. Mais moi, j'étais heureuse.

Les gens de Jalazone semblaient plus pauvres que nos voisins les Mahasreh et nous. Les femmes travaillaient généralement dans la rue. L'eau de lessive et de vaisselle se répandait entre les pieds des passants, car le camp était dépourvu de système d'égouts. De mauvaises odeurs montaient des flaques d'eau sale.

Les jeunes enfants jouaient dans la rue, couraient pieds nus ou même sans vêtements. Leurs visages étaient marron ou gris de crasse. Un petit garçon passa la tête par une fenêtre et hurla qu'il avait faim. Sa mère lui mit sa main sur la bouche.

– Je lui ai déjà donné à manger, cria-t-elle à la cantonade de la même fenêtre.

Je savais qu'un grand nombre de familles manquaient de nourriture. Les rations *mu'an* de farine et de sucre données par les Nations unies arrivaient de manière irrégulière.

Les moments que je passais à Jalazone me rendaient malheureuse. Après ma deuxième visite, je décidai de ne plus y retourner. Je renonçai également à découvrir si la mère de Nofaleyyah avait six doigts, et à savoir à quoi ressemblait le poste de télévision du doyen du camp. À la place, je préférais lire des livres empruntés à mes frères ou à mon école. Et j'inventais des versions plus heureuses de ces histoires qui étaient souvent tristes.

Je savais ce que c'était d'être terrifiée, d'avoir à courir dans l'obscurité de la nuit en ayant perdu une chaussure. Ma Cendrillon à moi possédait donc sa propre baguette magique et n'avait jamais à craindre que le Prince ne la manque. Elle ne perdrait de toute façon jamais sa pantoufle.

Je donnai au Petit Chaperon rouge (*Leila Wa Al-Theeb*) un ami dragon pour l'accompagner chez sa grand-mère – présence qui m'avait fait défaut quand Zuhair m'avait arrêtée sur le chemin de ma maison. À la vue du souffle de flammes du dragon, le méchant loup de mon conte était si surpris que sa mâchoire en tombait presque par terre – et la grand-mère qu'il avait avalée ressortait de sa bouche en glissant sur sa langue.

Mais l'histoire qui occupa mon esprit le plus longtemps, celle que je racontais sans me lasser, relatait les aventures d'un éléphanteau surnommé Boo. Il vivait avec sa mère dans de lointaines forêts sauvages. Boo et sa maman cherchaient quotidiennement de la nourriture, de l'eau et des lieux sûrs pour se reposer et dormir. Dotés de corps et d'oreilles gigantesques, ils se déplaçaient d'un pas lourd et bruyant. Au fil des ans, la mère de Boo lui enseigna à devenir un bon éléphant. Il apprit vite ; elle était satisfaite de lui.

Un jour, la mère de Boo lui annonça qu'elle se sentait malade et qu'elle mourrait bientôt. Elle devait se rendre dans un endroit éloigné, près d'un vaste plan d'eau et s'y allonger. Il y aurait beaucoup d'éléphants étendus là-bas. On appelait cet endroit un cimetière d'éléphants.

– Mettons-nous en route, pressa la mère de Boo, le poussant de sa trompe.

Boo se mit à pleurer en entendant sa mère. Il poussa un barrissement d'angoisse. Puis la mère et son fils entreprirent leur dernier voyage ensemble.

Ils marchaient côte à côte, et je les accompagnais à travers les chemins sinueux des forêts. Je savais que la mère de Boo finirait par le laisser près de l'eau et fermerait les yeux. Il éprouverait alors ce que j'avais éprouvé quatre années auparavant, durant la guerre, quand j'avais été séparée de ma famille. Je voulais le soutenir, le réconforter et lui dire dans son énorme oreille qu'il n'était pas tout seul. Il pouvait me tenir la main.

L'histoire de Boo me remplit d'inquiétude. J'avais peur que Mère ne meure pendant que j'étais à l'école. Ou que les soldats ne lui fassent du mal. Je regrettais de ne pouvoir rentrer chez nous juste après la classe. Mais j'étais trop effrayée à l'idée de me retrouver seule face à face avec Zuhair, sur la route.

La nuit aussi, j'étais prise de panique. Lorsque ma mère dormait, je la rejoignais sur la pointe des pieds dans le noir. J'approchais ma main de son nez. Je voulais voir si elle respirait et si elle était bien vivante. Sentir son souffle sur ma peau me rassurait, mais seulement l'espace d'un court instant. À la seconde où je m'éloignais, je me demandais si elle n'était pas morte. Je répétais tant mon geste qu'elle finissait par se réveiller, tout agitée.

Je poursuivis ce rituel jusqu'au jour où elle me demanda pourquoi je touchais sans arrêt son nez et sa bouche. Je lui avouai la vérité. Elle me répondit qu'elle n'allait pas mourir prochainement. Elle me promit aussi qu'elle m'avertirait avant de mourir et qu'elle me dirait au revoir comme l'avait fait la mère de Boo avec son petit. Je cessai donc de surveiller sa respiration la nuit. Mais les sentiments de tristesse que je ressentais envers l'éléphanteau ne disparurent jamais. Quand je l'imaginais rentrer chez lui, maintenant orphelin, les larmes coulant sur ses joues et ses défenses, je ramenais les couvertures sur ma tête et pleurais sans bruit avec lui, jusqu'à ce que je m'endorme.

Mère accoucha peu avant la fin de l'année scolaire. Mon père était heureux d'avoir un nouveau bébé. Il arpentait la pièce en le tenant dans ses bras et versait des larmes de joie quand il lui chantait des chansons. Moi, j'étais captivée par ses mains et ses pieds minuscules. Je n'arrêtais pas de comparer mon pied aux siens. Maha désirait porter le bébé mais il était trop lourd pour elle. Muhammad aimait bien embrasser ses oreilles. Parfois, il lui mordait les lobes et le faisait pleurer.

Pour fêter cette naissance, Père me donna une grande boîte de chocolats à offrir à mes camarades de classe et à mes enseignants. J'en mangeai la moitié sur le chemin de l'école et partageai le reste avec les filles et les instituteurs que j'aimais. Grand-Mère Fatima vint passer quelque temps chez nous et s'occupa de Maha, de Mère et du bébé, avant que l'école se termine pour mes frères et moi.

Le dernier jour de classe, la remise des certificats eut lieu dans la cour de récréation. Devant tous les élèves réunis, la directrice insista sur l'importance d'étudier sans relâche et d'obéir aux règles.

– *Man jadda wajad*, conclut-elle, voulant dire que ceux qui persistent réussiront.

Puis elle annonça qu'elle allait appeler les premiers de chaque classe et qu'elle leur remettrait des récompenses.

Je savais que Mère m'aimerait davantage si j'étais la meilleure. Mais que signifiait être la meilleure ? J'avais fait tout ce que les professeurs m'avaient demandé – les autres filles de ma classe aussi. Je ne savais pas à quoi m'attendre.

La directrice sourit. Un tas de cadeaux brillants et colorés se trouvait sur la table près d'elle. Elle commença par les élèves de CP.

– Ibtisam Barakat, déclara-t-elle.

Je fus excitée comme une puce, et intimidée.

Sur un signe de Lilian, j'avançai afin de recevoir le paquet violet qui m'était destiné. La directrice m'adressa quelques paroles – un compliment, peut-être – que les applaudissements de l'assemblée m'empêchèrent d'entendre.

En retournant à ma place, je souhaitai que toutes mes camarades, et surtout Nofaleyyah, se voient attribuer un cadeau. Désirant voir le mien, elles se pressèrent autour de moi. Je défis l'emballage et découvris une balle orange et un crayon jaune. Ils brillaient comme or au soleil. Je les considérai comme de véritables trésors.

Sur le chemin du retour à la maison, je portai mon certificat près de ma poitrine, ainsi que Mère portait mon petit frère. Je le déposai dans ses mains et lui montrai mes récompenses. Elle marcha lentement vers sa boîte à bijoux, en sortit son unique paire de boucles d'oreilles et me les mit. Je courus regarder dans le miroir à quoi ressemblaient mes premières boucles. Elles étincelaient telles des étoiles. Le visage de Mère aussi. J'eus alors le sentiment d'avoir gagné son amour.

Chez moi

L'été passa, effaçant les dernières traces de fleurs sauvages et d'herbe verte. Les oiseaux migrateurs apparurent, faisant croire que l'on avait renversé des tonneaux de confettis à travers le ciel, et tourbillonnaient en formations infinies. Je les saluai de la main. Bientôt, il fut l'heure de reprendre l'école. J'avais hâte d'entrer en CE1. Lilian et toutes mes camarades de classe m'avaient manqué. Je voulais leur faire admirer mes longs cheveux qui avaient tant poussé en seulement trois mois.

Cependant, le CE1 était différent. Et mon institutrice aussi. Moi, je souhaitais retourner avec Lilian. J'étais même prête à redoubler. C'est pourquoi j'ignorais ma nouvelle maîtresse en permanence. Je regardais par la fenêtre, réfléchissant à des moyens de rejoindre Lilian.

Le matin, les genoux pliés et la tête baissée, je tentais de me fondre dans le rang des élèves de CP. Mais les professeurs me connaissaient et il y en avait toujours un qui me forçait à sortir du rang. Alors, durant la journée, je demandais la permission de quitter la classe et j'allais frapper à la porte de Lilian. Je la suppliais de me laisser entrer mais elle me renvoyait dans la salle des CE1. Lorsqu'elle refermait la porte, je m'asseyais devant et pleurais.

Au bout d'un moment, Lilian et ma nouvelle institutrice trouvèrent la solution. Elles convinrent que, puisque j'effectuais rapidement mon travail et que je restais ensuite à ne rien faire, je pourrais rejoindre la classe de Lilian pendant ce temps libre. Toutefois, maintenant que mon institutrice m'autorisait à aller retrouver Lilian, je me dis que finalement, elle aussi était gentille, et je me mis à l'apprécier. Je cessai presque aussitôt de vouloir changer de classe. En revanche, je continuais de parler avec Lilian chaque fois que je l'apercevais durant la récréation. Et c'était toujours mon enseignante favorite.

En ce mois d'octobre, je prévoyais de réserver à Lilian une grosse part du gâteau que Mère avait promis de me confectionner pour mon anniversaire. Mais quatre jours seulement avant cette date, une terrible nouvelle vint annuler mon gâteau. Père fut le premier à l'entendre à la radio. Il en resta bouche bée, saisi d'une angoisse muette. Il se tenait la tête entre les mains comme si les paroles entrées dans ses oreilles la rendaient trop lourde à porter.

– Gamal Abdel Nasser* est mort, hurla-t-il. Nous sommes tous orphelins à présent.

Les jours suivants, j'appris qu'Abdel Nasser était le leader de l'Égypte.

– Il se souciait de tous les Arabes, gémit mon père.

Quand il mourut d'une crise cardiaque, Abdel Nasser œuvrait pour faire cesser les affrontements entre le gouvernement jordanien et les combattants de la liberté palestiniens que nous appelions *fedayins*.

La population de Ramallah se mit en deuil, se réunit en grands groupes et porta des cercueils vides afin de montrer sa tristesse d'avoir perdu son dirigeant préféré. Père se joignit à l'un de ces cortèges funèbres. En outre, bien qu'il n'eût jamais acheté de journal parce qu'il se fiait toujours à notre radio, il en rapporta un à la maison ce soir-là. La photo d'Abdel Nasser était au centre de la première page.

Mère lut chaque mot à voix haute, ponctuant ses phrases de sanglots. Quand elle eut fini, elle découpa soigneusement le portrait de Nasser, vêtu d'un uniforme militaire décoré. Au-dessous, elle écrivit de sa plus belle écriture : *Inna hurreyyata al-kalemah heya al-muqaddematu al-oula lel-deemuqrateyyah.* « La liberté de parole est le premier prélude à la démocratie. » Elle répétait souvent cette phrase qu'elle avait entendu Nasser prononcer à la radio. Mère fabriqua un cadre avec du carton, de la colle et des fils. La photographie de Nasser, légendée de cette déclaration, était la seule de notre maison.

Nous écoutions des enregistrements de l'homme d'État défunt dans le plus grand silence, comme si nous entendions des prières. Père effleurait le transistor et augmentait le volume jusqu'à ce que la voix de Nasser remplisse l'espace. S'ensuivaient des chansons assourdissantes, aux mélodies aussi délicates que des pas d'éléphant. Elles faisaient trembler les murs de mon cœur. J'éclatais en sanglots, sans savoir exactement pourquoi. Un titre qui gémissait : « *Nasser ya hurreyyah* », assimilant Nasser à la liberté même, s'imprima dans mon esprit tel un vers de poésie. À l'école de Jalazone, les professeurs s'habillèrent de noir.

La mort d'Abdel Nasser s'accompagna d'une recrudescence de l'activité militaire dans notre région. Au cours des mois suivants, j'entendis très souvent des bruits d'explosion, en provenance d'avions israéliens, qui m'obligeaient à courir me cacher.

– Ils sont en train de franchir le mur du son, m'expliqua Mère. Cela signifie qu'ils dépassent la vitesse du son, qu'ils volent plus vite que le temps que tu mets à m'entendre parler.

Puis les engins prenaient davantage de hauteur et transperçaient comme des aiguilles le ciel qui s'étendait au-dessus d'eux, pareil à un fin tissu. Ils rejetaient des fils de fumée blanche formant d'épais nuages, avant de disparaître. Ces avions cousaient mon cœur de peur. Qu'allaient faire les soldats ensuite ?

D'autres avions volaient bas ; je distinguais leurs grands fuselages, semblables à des bâtiments mouvants. Ils donnaient l'impression d'être juste au-dessus du toit de notre maison, et leur vacarme ravivait en moi le souvenir de la guerre. Dans ces moments-là, je vérifiais que je portais bien mes chaussures et je gardais un œil sur ma sœur et mon petit frère. Si une guerre éclatait, je m'assurerais qu'on n'oublierait pas les plus jeunes.

La joue collée au poste de radio, grimaçant de colère à cause des parasites qui perturbaient continuellement les émissions, Père jurait, se plaignant que nous vivions dans un conflit perpétuel. Où cela nous menait-il ? Il pensait que les avions qui survolaient Ramallah à basse altitude étaient censés nous maintenir dans la terreur. Ce qui était le cas.

Mère était la plus terrorisée de nous tous. Elle conservait sa valise près de la porte. Cette vision me remplissait d'horreur. Je redoutais qu'elle ne parte sans nous emmener avec elle.

Sa peur fut portée à son paroxysme quand, quelques mois plus tard, par un après-midi de printemps, deux soldats se présentèrent à notre porte. Croyant qu'ils désiraient un verre d'eau, Mère leur indiqua avec impatience le réservoir. Ils rirent, allèrent jusqu'au puits et revinrent.

L'un d'eux sortit son fusil et s'écarta de la fenêtre pour surveiller la porte. L'autre envoya des baisers à Mère, s'étreignit et se toucha le corps de haut en bas en la montrant du doigt.

Les mêmes gestes que ceux de Zuhair. Zuhair était palestinien comme nous, les soldats israéliens, mais ils désiraient de toute évidence la même chose. Je regardai le visage de Mère. Devenue pâle, elle tremblait. Avant de partir, le soldat dessina un cercle avec ses mains, signifiant qu'il reviendrait un autre jour.

– Il n'y aura pas d'autre jour, certifia ma mère.

– *Khalas ! Khalas !* C'est la goutte d'eau qui fait déborder le vase ! annonça-t-elle d'un ton sans réplique, le visage inondé de larmes, lorsque mon père rentra chez nous.

Père ne protesta pas. En dépit du fait que nous étions au beau milieu de l'année scolaire et que nous manquerions la classe pendant le déménagement, il vendit rapidement notre maison et nous trouva un autre logement dans la région d'Irsaal. Là-bas, nous serions entourés de nombreuses autres habitations et aucun soldat ne s'entraînerait près de chez nous.

Je pleurai lorsque l'heure d'empaqueter nos affaires arriva. Il fallut étaler sur le carrelage des draps et des couvertures pour les remplir de vêtements, de chaussures, de livres et d'ustensiles de cuisine. Nous attachâmes ensemble les coins des tissus en y faisant des nœuds géants. J'emballai des tasses de verre et des assiettes dans des chemisiers, afin d'éviter qu'ils ne se brisent. En transportant le lit, nous entendîmes les roulements de la balle logée à l'intérieur. Père fixa tous nos bagages avec de la corde sur les flancs du camion.

Il effectua un premier voyage avec Mère, qui l'accompagna pour l'aider à décharger nos affaires dans notre nouveau domicile. Après un second chargement du camion, notre maison était aussi vide que mon cœur. J'érigeai près de la porte une *qantara* de sept pierres plates – le nombre de membres que comptait notre famille. Et j'arrosai notre jardin pour la dernière fois, aussi généreusement que je le pus, au cas où personne ne serait là avant longtemps pour s'en occuper.

Assis sur un gros rocher, faisant face à notre maison comme on fait face à un ami en train de mourir, mon père ramassa des petits cailloux et les jeta sur le côté. Il leva la tête et scruta le ciel.

– Qu'ai-je fait pour mériter ça ? cria-t-il à l'intention de Dieu. Je ne bois ni ne joue, ainsi que tu l'as ordonné. Je ne fume même pas.

Des nuages blancs passèrent au-dessus de lui telles des caravanes d'anges, transportant peut-être les plaintes d'autres individus.

Mère ferma la maison à clé. Je serrai mes doigts autour des barres de la fenêtre et regardai dans le vide. Il ne restait plus rien dans la maison, pourtant je voyais encore toutes nos affaires à leur place. Le placard marron, ses portes avec moustiquaires ouvertes, le berceau se balançant à la manière d'un pendule, la machine à coudre Singer soufflant pendant que sa pédale montait et descendait, des bouts de tissu disposés sur le carrelage.

Je voyais mes frères et moi essayant de prendre une fois de plus la boîte de chocolat *Silvana* que Mère cachait en permanence. La tête de Zuraiq apparut, puis la scène de la circoncision, mes frères la bouche ouverte sous l'effet de la peur. Je voyais Mère me tendant son unique paire de boucles d'oreilles en or, et ma sœur et moi tapant sur la table avec nos tasses, ivres de joie devant le vacarme que nous faisions.

Dehors, sur le seuil de la porte verrouillée, se tenait en silence la fillette de trois ans et demi que j'avais été, hurlant à ses parents de l'attendre. La sensation de ce moment me consumait encore le cœur.

Regardant une ultime fois alentour, je savais que cet endroit serait le seul où je me sentirais jamais chez moi. Or, maintenant je le quittais et n'y reviendrais peut-être jamais.

La voix de Mère me tira de mes pensées. Elle semblait joyeuse et racontait que notre nouvelle habitation se trouvait dans un grand immeuble entouré d'un mur de briques, où vivaient trois autres familles. Elle avait besoin d'avoir de nombreux voisins.

Je marchai vers le camion et grimpai sur le tas formé par nos affaires, où attendaient mes frères. Père conduisit lentement, et la distance entre notre maison et nous s'agrandit. Nous fîmes au revoir de la main à la colline, à l'horizon, à la maison, à la personne de pierres, aux plantes et à la porte verte aux deux vitres pareilles à des yeux.

Puis mon père tourna, et la route nous apparut tel le rideau tombé à la fin d'une pièce de théâtre.

TROISIÈME PARTIE

Une lettre à tous

1981, Ramallah, Cisjordanie

Tel un oiseau lançant
Son chant de liberté
À travers le ciel

La petite fille
Que je fus autrefois
Chante cette histoire.

Je la vois sourire.

Je suis à mi-chemin entre l'oubli et le souvenir. Je ne sais pas combien de temps il me faudra pour redevenir complètement moi-même. Oui, un écho me met toujours en garde : « Apprends à oublier. » Mais j'ai dépassé ce poste de contrôle – je ne regretterai jamais d'avoir choisi de me souvenir.

La fenêtre ouverte sur le passé forme un cadre autour de la nouvelle route qui se déroule devant moi, à la manière d'une carte postale. J'ai envie de l'envoyer à tous mes correspondants. Désormais, je peux répondre à leurs questions au sujet de mon enfance.

Chers tous : Inscrit dans mon cœur, tout ce que j'ai perdu – mes chaussures, mon ami l'âne, une ville, la peau de mes pieds, un chevreau, ma maison, mon enfance –, brisé aux mains de l'histoire. Mais mon compagnon éternel, l'Alif, m'aide à retrouver les éclats de ma vie… et à les rassembler.

Une chanson pour l'Alif

La lettre Alif
Est une réfugiée.
De feuille de papier
En feuille de papier
Elle ne connaît
Aucune maison.

La lettre Alif
A la forme
D'une clé
De la boîte postale
De la mémoire.

La lettre Alif
S'assoit à l'avant
Du car
Des alphabets
Pour voir.
Elle voit la guerre,

Regarde au-dessus.
Elle voit la guerre,
Regarde au-dessous
Et au-delà
Pour voir la paix.

La lettre Alif sait
Que le fil
D'une histoire
Recoud
Une plaie.

La lettre Alif
A la forme
De l'espoir.
C'est,
Comme moi,
Une réfugiée.

Pour moi,
Mon refuge.

Fais preuve de gentillesse envers tous ceux que tu rencontres, leur combat est peut-être plus dur que le tien.

Philon d'Alexandrie

Rendre au monde ce qu'il m'a donné

Sans l'aide de l'Office de secours et de travaux des Nations unies pour les réfugiés de Palestine au Proche-Orient (www.unrwa.org), des millions d'enfants comme moi ne seraient pas allés à l'école et n'auraient pas appris à lire, à écrire et à utiliser leurs crayons pour se frayer un minuscule chemin à travers les décombres de la vie de réfugié, labourant ainsi une parcelle d'espoir à l'intérieur de leurs cœurs de façon à pouvoir y planter leurs rêves.

En écrivant *Une enfance palestinienne*, j'offre mon histoire au monde avec l'espoir que d'autres ne perdent jamais leur maison, et que le monde leur tende la main si un jour ils tombent.

I. B.

Je vous remercie :

Suzanne Fisher Staples
Naomi Shihab Nye
Frances Foster
Jennifer Armstrong
Saed Muhssin
Joan Drury
Virginia Duncan
Dan Nickerson
Victor Navasky
Kris Meilahn
Mike Markovits
Sally Seagull Foster
Sharif Elmusa
Patrick McClung
Tracy L. Barnett
Joan McElroy
Jane Franck
Allia Rahman

Melanie Kroupa, Sharon McBride, et tous ceux chez Farrar, Straus and Giroux qui aidèrent à créer ce livre.

Et un remerciement spécial à la ville tranquille de Columbia, dans le Missouri, où il est possible de se retrouver face à soi en douceur – assez longtemps pour devenir amis, élément crucial pour la paix dans le monde.

POUR EN SAVOIR PLUS

Abraham (p. 169) : personnage biblique. Originaire de Mésopotamie (actuel Irak), Abraham a 75 ans quand Dieu (Allah chez les musulmans) lui ordonne de quitter son pays : le vieil homme a pour mission de fonder un nouveau peuple et de renoncer à ses anciennes croyances pour ne croire qu'en ce Dieu unique. N'ayant pas d'enfant, Abraham accepte de partir, car Dieu lui a promis une terre et une descendance nombreuse. Il part donc vers l'ouest, et conçoit deux fils dans les années qui suivent : Ismaël et Isaac.

Comme signe de leur alliance, Dieu demande à Abraham de se circoncire et de faire de même sur tous les hommes de son peuple, y compris ses deux fils.

Une autre fois, Dieu demande à Abraham de lui prouver sa soumission en lui offrant son fils en sacrifice. Abraham accepte, lève le couteau au-dessus de son fils. Mais l'ange Gabriel (Jibril chez les musulmans) est envoyé par Dieu pour arrêter son geste. Dieu est alors convaincu de la foi d'Abraham.

Fête de l'Aïd (p. 23) : son nom complet est l'Aïd el-Kebir, la fête du sacrifice. C'est la plus grande fête des musulmans. Elle commémore l'alliance d'Abraham avec Dieu et est célébrée le 10 du dernier mois du calendrier musulman. Après la prière, les musulmans qui en ont les moyens sacrifient un mouton, un chameau ou une chèvre, mais ce geste n'est pas obligatoire.

Gamal Abdel Nasser (1918-1970) (p. 227) : homme politique égyptien. Il organise dès 1943 le Mouvement des officiers libres qui réussit le putsch contre le roi Farouk (1952) et porte le général Néguib au pouvoir. Après la proclamation de la république (1953), Nasser élimine Néguib et les communistes. Président de la république (1956), il détient alors tous les pouvoirs. Du fait de la défaite de l'Égypte devant Israël après la guerre des Six Jours (1967), il démissionne. Mais, plébiscité, il revient au pouvoir et y reste jusqu'à sa mort.

Shoah (p. 7) : il s'agit d'un terme hébreu, que l'on peut traduire par « catastrophe », et qui désigne l'extermination des Juifs d'Europe mise en œuvre par les nazis durant la Seconde Guerre mondiale. Dans les livres d'histoire, il s'est aujourd'hui substitué à d'autres mots employés pour parler du même événement : solution finale ou holocauste, par exemple.

Pour les historiens, ce terme de shoah semble le plus approprié. Non seulement il est issu du vocabulaire juif, mais il ne se prête à aucune interprétation, aucun glissement de sens. Il exprime bien les notions de vide, de silence, qui suivent les grandes catastrophes humaines.

QUELQUES REPÈRES...

1947 : l'ONU adopte, contre l'avis des États arabes de la région, un plan de partage de la Palestine en deux États, l'un arabe et palestinien, l'autre juif.

1948 : l'État d'Israël proclame son indépendance le 14 mai. Début de la première guerre israélo-arabe. Israël repousse l'offensive et occupe la plus grande partie des territoires qui auraient dû former l'État palestinien. Les Palestiniens chassés d'Israël se réfugient en Cisjordanie et dans la bande de Gaza.

1950 : la Cisjordanie et la bande de Gaza, qui avaient échappé à l'occupation israélienne, sont annexées, respectivement par la Jordanie et l'Égypte.

1964 : création de l'Organisation de libération de la Palestine (OLP) dont le but est « l'élimination » d'Israël en tant qu'État souverain et la création d'un État palestinien.

1967 : le 5 juin, début de la guerre des Six Jours. L'État d'Israël.lance une offensive contre les aviations égyptienne, jordanienne et syrienne, qui sont détruites en une journée. Au terme d'une guerre éclair de six jours, Israël conquiert la Cisjordanie, la bande de Gaza, le Golan, la péninsule du Sinaï et Jérusalem-Est. Mais ces territoires ne sont pas intégrés à l'État d'Israël, ce qui aurait donné des droits et un statut aux Palestiniens qui y vivent. Ce sont des territoires occupés par Israël.

1969 : Yasser Arafat devient le leader de l'OLP. L'Organisation admet que juifs et musulmans pourront cohabiter, mais dans un seul État palestinien, laïc et démocratique, à créer à la place d'Israël.

1973 : le 6 octobre, l'Égypte et la Syrie attaquent Israël pour reconquérir les territoires perdus en 1967. C'est la guerre du Kippour. L'armée israélienne repousse les assaillants en quelques jours.

1974 : l'OLP accepte le principe d'une cohabitation entre un État palestinien et Israël.

1979 : après la signature des accords de Camp David (États-Unis), Israël restitue le Sinaï à l'Égypte et l'Égypte reconnaît officiellement Israël.

1987 : soulèvement spontané de jeunes Palestiniens en Cisjordanie et dans la bande de Gaza, qui se heurtent à l'armée israélienne armés de simples pierres. C'est la première intifada ou « guerre des pierres ». Cette révolte, sévèrement réprimée par les Israéliens, contribue à relancer les tentatives de règlement du problème palestinien.

1988 : l'OLP reconnaît l'État d'Israël.

1993 : fin de la première intifada. Les accords d'Oslo, signés par Yitzhak Rabin, Premier ministre israélien, et Yasser Arafat, prévoient une reconnaissance mutuelle de l'OLP et d'Israël, ainsi que l'établissement d'une autonomie à venir pour certains secteurs palestiniens. Les négociations doivent se poursuivre pendant une période transitoire, pour fixer les détails de la future autonomie palestinienne.

1994 : conformément aux accords d'Oslo, Israël se retire de la ville de Jéricho et de la bande de Gaza, qui seront désormais administrées par une Autorité palestinienne.

1995 : les négociations consécutives aux accords d'Oslo commencent, mais les extrémistes des deux bords font tout pour faire échouer le processus de paix. Le Premier ministre israélien est assassiné par un extrémiste juif, tandis que le mouvement palestinien Hamas lance une campagne d'attentats. En septembre, un nouvel accord est conclu : sept autres villes passent sous le contrôle de l'Autorité palestinienne. Mais Israël continue ses implantations de colonies juives dans les territoires occupés.

1996: Yasser Arafat est élu président du Conseil de l'autonomie palestienne. Pendant quatre ans, les négociations avec Israël se poursuivent. L'administration palestinienne a beaucoup de mal à se mettre en place, minée par la corruption, les malversations, l'occupation israélienne et la personnalité de Yasser Arafat, peu porté à déléguer son pouvoir. De son côté, le gouvernement israélien continue sa politique d'implantation de colonies et d'appropriation de terres, ce qui complique encore la situation.

1998: les accords de Wye Plantation (États-Unis) prévoient un retrait israélien en trois phases de 13 % de la Cisjordanie. Seule la première phase est réalisée.

2000: le délai fixé par les accords d'Oslo, plusieurs fois prolongé, expire. Les ultimes négociations menées à Camp David, puis à Taba en Égypte, échouent. Après sept années d'espoirs déçus, les heurts reprennent: c'est le début de la seconde intifada. Attentats contre Israël, répression, meurtres de responsables palestiniens se succèdent.

2002: après un attentat particulièrement meurtrier, Israël lance l'opération « Rempart »: les villes autonomes sont réoccupées, les structures de l'Autorité palestinienne anéanties. Yasser Arafat est prisonnier dans son quartier général de Ramallah, près de Jérusalem.

2004 : le 11 novembre, Yasser Arafat meurt.

2005 : le 9 janvier, Mahmoud Abbas est élu président de l'Autorité palestinienne pour 5 ans. Âgé de 70 ans, il a participé à la fondation de l'OLP avec Yasser Arafat et il est l'un des principaux négociateurs des accords de paix de 1993, à Oslo. Le 8 février 2005, Mahmoud Abbas et Ariel Sharon se rencontrent à Charm-el-Cheik et annoncent formellement l'arrêt des violences entre Palestiniens et Israéliens. Dans un premier temps, Mahmoud Abbas parvient à convaincre les mouvements les plus extrémistes (Hamas et Djihad islamique) de respecter cette trêve. Ariel Sharon annonce parallèlement un retrait unilatéral de l'armée israélienne de la bande de Gaza.

2006 : victoire du Hamas aux élections législatives.

2007 : affrontements Hamas-OLP à Gaza et en Cisjordanie. Instauration d'une « administration temporaire » à Gaza par le Hamas.

2008 : le 25 décembre, le Premier Ministre israélien demande à la population de Gaza d'obliger le Hamas à cesser les tirs sur Israël pour éviter une riposte. Le 27 décembre, Israël déclenche des attaques aériennes.

2009 : le 3 janvier, les troupes israéliennes pénètrent dans le territoire palestinien. L'offensive se poursuit en janvier 2009.

POUR ALLER PLUS LOIN...

Romans, récits, témoignages

GHAZY (Randa), *Rêver la Palestine*, Flammarion, 2002.

HASSAN (Yaël), *Tant que la Terre pleurera*, Casterman, coll. « Comme la vie », 2004.

MASSENOT (Véronique), *Soliman le pacifique*, Hachette jeunesse, Livre de poche jeunesse, 2003.

ZENATTI (Valérie), *Quand j'étais soldate*, École des loisirs, coll. « Médium », 2002.

ZENATTI (Valérie), *Une bouteille dans la mer de Gaza*, École des loisirs, coll. « Médium », 2005.

Documentaires

GRANGE (Jocelyn), DE VÉRICOURT (Guillemette), *Questions sur les Palestiniens*, coll. « Les Essentiels Milan », Milan, 2008.

HASKI (Pierre), *Israël, une histoire mouvementée*, coll. « Les Essentiels Milan », Milan, 2006.
MISTRAL (Laure), DUFFET (Sophie), *Rachel vit à Jérusalem, Nasser à Bethléem*, coll. « Enfants d'ailleurs », De La Martinière jeunesse, 2006.

Bandes dessinées

SACCO (Joe), *Palestine*, Vertige Graphic, 2004.
FINK (Uri), *Israël-Palestine : entre guerre et paix*, Berg international, 2008.
SELIKTAR (Galit et Gilad), *Ferme 54*, Éd. çà et là, 2008.

Films

Munich, Steven Spielberg, 2006.
Ô Jérusalem, Élie Chouraqui, 2006.
Une jeunesse comme aucune autre, Dalia Hager et Vidi Bilu, 2006.

TABLE DES MATIÈRES

L'origine du baklava, discutée page 22, est largement considérée parmi les historiens de la gastronomie comme n'étant ni arabe ni grecque mais assyrienne, et remontant au XVIIIe siècle. Diverses nations du Moyen-Orient revendiquent la paternité de cette pâtisserie et ont contribué à l'améliorer.

La citation de la page 240 est essentiellement attribuée à Philon d'Alexandrie (v. – 20-v. 50). Cependant, les avis des spécialistes de Philon continuent de diverger sur l'œuvre dont elle est tirée. Platon passe parfois pour en être l'auteur.

La carte, le glossaire, la chronologie et la bibliographie
sont de la seule responsabilité des Éditions Milan.

Achevé d'imprimer par Novoprint
en Espagne
Dépôt légal : 1er trimestre 2009